LES CRIMES DE L'AMOUR

Les deux nouvelles ci-après (textes intégraux) sont tirées des *Crimes de l'amour* de Sade.

SADE

LES CRIMES DE L'AMOUR

PRÉFACE

Donatien Alphonse François, marquis de Sade, issu d'une vieille et prestigieuse famille de Provence, fils d'un diplomate, naît à Paris le 2 juin 1740. Sa première éducation, il la reçoit en Languedoc chez un oncle abbé aux mœurs très libres, ami de Voltaire. À 10 ans, il revient à Paris et poursuit ses études chez les jésuites. À 14 ans, le voilà à l'école des chevau-légers de la garde du roi, un régiment réservé aux rejetons de la meilleure noblesse. Sous-lieutenant l'année suivante, il participe à la guerre de Sept Ans contre la Prusse. Il s'y fait davantage remarquer par son inconduite que par son courage. En 1763, la guerre finie, il est mis en congé avec le grade de capitaine ; il revient à Paris hanter les maisons closes et les coulisses des théâtres, où l'on rencontre des actrices peu farouches. Son père, que ces penchants pour la débauche inquiètent, marie, avec l'accord du roi, Donatien à Renée-Pélagie Cordier de Launay de Montreuil, fille d'un ancien président de la Cour des aides. La noblesse récente de sa famille est compensée par sa fortune. Renée-Pélagie, qui aura de lui deux fils et une fille, se montrera envers ce mari fantasque une épouse toujours dévouée et résignée. Mais il a le sang trop chaud pour celle dont il dit qu'*elle est trop froide et trop dévote*. Cinq mois après son mariage, il est emprisonné plus d'un mois pour « débauches outrées ». Il s'affiche avec des courtisanes, et fait passer l'une d'elles pour une cousine de sa femme, lorsqu'il part séjourner dans son château de La Coste, en Provence.

Le dimanche de Pâques 1768, il aborde, place des Victoires, à Paris, une jeune ouvrière sans travail, lui en promet un, et l'entraîne dans sa maison, à Arcueil. Là, il la fouette, la viole et l'enferme dans une chambre. La jeune fille réussit à s'échapper, refuse l'argent que le valet du marquis lui propose, et porte l'affaire devant la justice royale. Le chancelier Maupeou, ennemi intime du président de Montreuil, beau-père de Sade, décide de sévir (la pratique est alors courante d'enlever des femmes, de les séquestrer et de leur faire subir des sévices — Louis XV, sur le trône, donne l'exemple) : Sade est enfermé six mois dans une forteresse, près de Lyon.

Le temps de donner quelques fêtes en son château de La Coste, pour fêter la naissance de ses enfants, et le marquis de Sade reprend du service comme capitaine du régiment de Bourgogne. Pas longtemps. Il part en voyage en Italie avec une nouvelle maîtresse : la sœur cadette de son épouse. Mme de Montreuil, qui auparavant regardait les frasques de son gendre avec indulgence, le prend en aversion, et décide sa perte ; c'est une forte femme, qui sait utiliser les relations de son époux… Sade, indifférent, continue à mener une vie déréglée. En juin 1772, il organise une soirée avec quatre prostituées, auxquelles il fait avaler des dragées aphrodisiaques. L'une d'elles a tant de mal à les digérer qu'une enquête est ouverte : Sade, accusé de tentative d'empoisonnement, prend la fuite, avec sa belle-sœur. Il se réfugie en Savoie (alors indépendante du royaume de France), tandis que les juges d'Aix-en-Provence le condamnent par contumace à avoir la tête tranchée, comme empoisonneur ; son effigie est brûlée en place publique.

Mme de Montreuil, sa vindicative belle-mère, parvient à faire arrêter Sade à Chambéry, et il est incarcéré. Le 30 avril 1773, il s'évade, gagne La Coste et tente, avec le concours de sa femme, d'échapper aux poursuites. Mais tandis qu'il envoie des suppliques à la Cour (où l'on fête l'avènement de Louis XVI) pour obtenir son pardon, l'une de ses servantes dénonce publiquement les mauvais traitements dont elle a été l'objet. Même le vieil oncle voltairien de sa petite enfance abandonne son protégé : il demande que l'on enferme son débauché de neveu pour l'empêcher de nuire. Nouvelle fuite en Italie, nouveau retour discret à La Coste, nouveau scandale : l'incorrigible marquis abuse tant de son autorité sur une jeune servante que le père de cette dernière porte plainte et, tout roturier qu'il est, jure de tuer le marquis. L'affaire est difficilement étouffée.

Sa mère venant de mourir (son père est mort dix ans auparavant), Sade et son épouse se rendent à Paris début 1777 afin de régler l'héritage. Le 13 février, par lettre de cachet, Sade est emprisonné au donjon de Vincennes. Mme de Montreuil, l'impitoyable belle-mère, triomphe. Elle triomphe encore quand, l'année suivante, bien que le jugement d'Aix pour empoisonnement ait été cassé, Sade est maintenu au cachot. Il réussit à s'échapper, et se réfugie à La Coste, où il se croit en sécurité (août 1778). Mais les soldats du roi le retrouvent et le ramènent, *lié et garrotté*, à Vincennes. Il va rester enfermé douze ans, d'abord à Vincennes, puis, de 1784 à 1789, à la Bastille, avant d'être transféré à l'hospice de Charenton. Entre quatre murs, il n'a pour seule distraction que l'écriture. Il écrit à ses amis, à sa femme, dont il devient — sans raison, sauf qu'elle est libre, et pas lui — jaloux. Lorsqu'elle lui rend visite, il lui fait des scènes… La captivité l'enlaidit : il s'empâte, perd ses cheveux, a la vue qui baisse… En 1785, révolté par cette société qui le laisse *englouti vivant*, il entreprend d'écrire cette œuvre sulfureuse qui lui vaudra, de son vivant, des ennuis supplémentaires et, pour la postérité, le surnom de « divin marquis ». Il débute par les *Cent Vingt Journées de Sodome*, « le récit le plus impur qui ait jamais été fait depuis que le monde existe ». En 1787, il compose *Les Infortunes de la vertu*, puis *Aline et Valcour*.

Début juillet 1789, alors que l'émeute gronde dans Paris, il crie par la fenêtre de sa geôle que l'on va égorger les prisonniers : attroupement, remous… Le gouverneur de la Bastille fait aussitôt transférer Sade à Charenton, dans un hospice de déments tenus par des religieux. Il n'a pas eu le temps de déménager sa chambre qui, le 14 juillet, après la prise de la Bastille, est pillée ; le manuscrit des *Cent Vingt Journées de Sodome* est détruit, au grand regret de son auteur, qui dit en « pleurer des larmes de sang ». Le 2 avril 1790, sur ordre de la Constituante, qui a élargi tous les prisonniers enfermés par lettre de cachet, Sade est libéré. Amer retour dans une société en pleine révolution : sa femme, lasse de ses scènes, a demandé la séparation de corps et d'habitation, et s'est retirée en province. Il ne reste pas seul longtemps, et, en août 1790, se lie avec Marie-Constance Quesnet, une jeune actrice qui lui restera fidèle jusqu'à sa mort. Il tente de faire jouer des pièces, publie — anonymement — *Justine ou les Malheurs de la vertu*, dont l'éditeur sera exécuté. Son château de La Coste a été pillé, ses biens mis sous séquestre. Afin de tenter de les récupérer, et pour faire oublier que ses deux fils ont émigré, il milite avec les révolutionnaires les plus enragés de son quartier, et devient président de la « section des piques », lui, autrefois si fier de son rang d'aristocrate. Son zèle n'est pas récompensé : en janvier 1794, il est enfermé à la prison de Picpus et condamné à mort par Fouquier-Tinville lors d'un jugement collectif. Mais l'huissier chargé des transferts, surmené, a oublié d'inscrire Sade sur le registre de la prison ; le marquis échappe ainsi à la décapitation. Le lendemain, 28 juillet, c'est Robespierre lui-même qui est guillotiné.

Sade est libéré le 15 octobre. Avec Marie-Constance, il s'installe à Versailles, dans une chambre sous les toits. Il survit grâce aux fèves et aux carottes que Marie-Constance rapporte de ses chez parents. En 1795, il publie *La Philosophie dans le boudoir*, *Aline et Valcour*, en 1797 *Juliette*, dont la violence lui vaut l'opprobre quasi général. En mars 1801, la police perquisitionne chez son éditeur : Sade, le 2 avril 1801, est placé en détention administrative à Sainte-Pélagie parce qu'auteur de « l'infâme roman *Justine* » et de « l'ouvrage plus affreux encore intitulé *Juliette* ». Il ne recouvrera jamais la liberté. Deux ans plus tard, il est transféré à l'hospice de Charenton, où Marie-Constance le rejoint : elle a pris une chambre dans les dépendances de l'hospice. Sade, avec l'appui du directeur, monte des pièces de théâtre que les Parisiens viennent applaudir. Sa chambre est régulièrement visitée par la police, ses écrits saisis. Le médecin de l'hospice écrit à Fouché, ministre de la Police, pour que le marquis, qu'il dit n'être pas *fou*, mais *vicieux*, soit mis en forteresse. La famille Sade intervient, et Donatien reste à Charenton. En 1809, l'un de ses fils, officier dans l'armée d'Italie, est tué ; Sade, qui va avoir 70 ans, écrit à Napoléon pour demander son élargissement ; l'Empereur reste sourd à son appel. Son autre fils, lui, s'est emparé des biens qui restent à la famille et refuse de payer la pension de son père. Mme de Sade, l'épouse si souvent bafouée, meurt en 1810. Sade écrit toujours : *La Marquise de Gange* paraît anonymement en 1813. Le 15 novembre 1814, le marquis reste couché : ses jambes ne le portent plus. Il s'éteint à l'hospice de Charenton, le 2 décembre 1814.

Son fils, qui sera député sous Louis-Philippe, fait brûler par la police un manuscrit trouvé dans sa chambre, et en enferme d'autres dans une malle, d'où ils seront ressortis par l'un des descendants du « divin marquis ».

L'œuvre de Sade, découverte au XIXᵉ siècle par des poètes eux aussi maudits, Baudelaire [*il faut toujours en revenir à Sade, c'est-à-dire à l'homme naturel, pour expliquer le mal*], Verlaine [*Prince, Ô, très haut marquis*], Lautréamont, Apollinaire [*L'esprit le plus libre qui ait jamais existé*], et au XXᵉ par les psychanalystes — qui ont salué le courage de celui qui a osé écrire ce que tous refoulent —, n'est pas à mettre entre des mains innocentes. Les pratiques sexuelles qui y sont complaisamment décrites — et qui ont donné le néologisme *sadisme* —, l'apologie du mal qui y est faite sont toutefois trop outrancières pour être prises définitivement au sérieux ; il y a, dans l'œuvre de Sade, beaucoup de cruauté, beaucoup de luxure, beaucoup de provocation, beaucoup de cynisme, mais aussi beaucoup d'humour. Avec le « divin marquis », philosophe antimorale, dénonciateur impitoyable d'une société qui n'eut pour lui aucune indulgence, le plaisir est dans la vengeance, le bonheur est dans le vice, et l'infortune dans la vertu.

FAXELANGE OU LES TORTS DE L'AMBITION

Mr et Mme de Faxelange, possédant 30 à 35 000 livres de rentes, vivaient ordinairement à Paris. Ils n'avaient pour unique fruit de leur hymen qu'une fille, belle comme la déesse même de la Jeunesse. Mr de Faxelange avait servi, mais il s'était retiré jeune, et ne s'occupait depuis lors que des soins de son ménage et de l'éducation de sa fille. C'était un homme fort doux, peu de génie, et d'un excellent caractère ; sa femme, à peu près de son âge, c'est-à-dire 45 à 50 ans, avait un peu plus de finesse dans l'esprit, mais à tout prendre, il y avait entre ces deux époux beaucoup plus de candeur et de bonne foi que d'astuce et de méfiance.

Mlle de Faxelange venait d'atteindre sa seizième année ; elle avait une de ces espèces de figures romantiques, dont chaque trait peint une vertu ; une peau très blanche, de beaux yeux bleus, la bouche un peu grande, mais bien ornée, une taille souple et légère, et les plus beaux cheveux du monde. Son esprit était doux comme son caractère ; incapable de faire le mal, elle en était encore à ne pas même imaginer qu'il pût se commettre ; c'était, en un mot, l'innocence et la candeur embellies par la main des Grâces. Mlle de Faxelange était instruite ; on n'avait rien épargné pour son éducation ; elle parlait fort bien l'anglais et l'italien, elle jouait de plusieurs instruments, et peignait la miniature avec goût.

Fille unique et destinée, par conséquent, à réunir un jour le bien de sa famille, quoique médiocre, elle devait s'attendre à un mariage avantageux, et c'était depuis dix-huit mois la seule occupation de ses parents. Mais le cœur de Mlle de Faxelange n'avait pas attendu l'aveu des auteurs de ses jours pour oser se donner tout entier, il y avait plus de trois ans qu'elle n'en était plus la maîtresse. Mr de Goé qui lui appartenait un peu, et qui allait souvent chez elle à ce titre, était l'objet chéri de cette tendre fille ; elle l'aimait avec une sincérité… une délicatesse qui rappelaient ces sentiments précieux du vieil âge, si corrompus par notre dépravation.

Mr de Goé méritait sans doute un tel bonheur ; il avait 23 ans, une belle taille, une figure charmante, et un caractère de franchise absolument fait pour sympathiser avec celui de sa belle cousine ; il était officier de dragons, mais peu riche ; il lui fallait une fille à grosse dot, ainsi qu'un homme opulent à sa cousine, qui, quoique héritière, n'avait pourtant pas une fortune immense, ainsi que nous venons de le dire, et par conséquent tous deux voyaient bien que leurs intentions ne seraient jamais remplies et que les feux dont ils brûlaient l'un et l'autre se consumeraient en soupirs.

Mr de Goé n'avait jamais instruit les parents de Mlle de Faxelange des sentiments qu'il avait pour leur fille ; il se doutait du refus, et sa fierté s'opposait à ce qu'il se mît dans le cas de les entendre. Mlle de Faxelange, mille fois plus timide encore, s'était également bien gardée d'en dire un mot ; ainsi cette douce et vertueuse intrigue, resserrée par les nœuds du plus tendre amour, se nourrissait en paix dans l'ombre du silence, mais quelque chose qui pût arriver, tous deux s'étaient bien promis de ne céder à aucune sollicitation et de n'être jamais l'un qu'à l'autre.

Nos jeunes amants en étaient là, lorsqu'un ami de Mr de Faxelange vint lui demander la permission de lui présenter un homme de province qui venait de lui être indirectement recommandé.

« Ce n'est pas pour rien que je vous fais cette proposition, dit Mr de Belleval ; l'homme dont je vous parle a des biens prodigieux en France et de superbes habitations en Amérique. L'unique objet de son voyage est de chercher une femme à Paris ; peut-être l'emmènera-t-il dans le Nouveau Monde, c'est la seule chose que je craigne ; mais à cela près, si la circonstance ne vous effraie pas trop, il est bien sûr que c'est, dans tous les points, ce qui conviendrait à votre fille. Il a 32 ans, la figure n'est pas très agréable… quelque chose d'un peu sombre dans les yeux, mais un maintien très noble et une éducation singulièrement cultivée.

— Amenez-nous-le », dit Mr de Faxelange…

Et s'adressant à son épouse :

« Qu'en dites-vous, madame ?

— Il faudra voir, répondit celle-ci ; si c'est vraiment un parti convenable, j'y donne les mains de tout mon cœur, quelque peine que puisse me faire éprouver la séparation de ma fille… Je l'adore, son absence me désolera, mais je ne m'opposerai point à son bonheur. »

Mr de Belleval, enchanté de ses premières ouvertures, prend jour avec les deux époux, et l'on convient que le jeudi d'ensuite le baron de Franlo sera présenté chez Mme de Faxelange.

Mr le baron de Franlo était à Paris depuis un mois, occupant le plus bel appartement de l'hôtel de Chartres, ayant un très beau remise, deux laquais, un valet de chambre, une grande quantité de bijoux, un portefeuille plein de lettres de change, et les plus beaux habits du monde. Il ne connaissait nullement Mr de Belleval, mais il connaissait, prétendait-il, un ami intime de ce Mr de Belleval, qui, loin de Paris pour dix-huit mois, ne pouvait être, par conséquent, d'aucune utilité au baron ; il s'était présenté à la porte de cet homme ; on lui avait dit qu'il était absent, mais que Mr de Belleval étant son plus intime ami, il ferait bien de l'aller trouver ; en conséquence, c'était à Mr de Belleval que le baron avait présenté ses lettres de recommandation, et Mr de Belleval, pour rendre service à un honnête homme, ne s'était pas fait difficulté de les ouvrir, et de rendre au baron tous les soins que cet étranger eût reçus de l'ami de Belleval, s'il se fût trouvé présent.

Belleval ne connaissait nullement les personnes de province qui recommandaient le baron, il ne les avait même jamais entendu nommer à son ami, mais il pouvait fort bien ne pas connaître tout ce que son ami connaissait ; ainsi nul obstacle à l'intérêt qu'il affiche dès lors pour Franlo. C'est un ami de mon ami ; n'en voilà-t-il pas plus qu'il n'en faut pour légitimer dans le cœur d'un honnête homme le motif qui l'engage à rendre service ?

Mr de Belleval, chargé du baron de Franlo, le conduisait donc partout ; aux promenades, aux spectacles, chez les marchands, on ne les rencontrait jamais qu'ensemble. Il était essentiel d'établir ces détails, afin de légitimer l'intérêt que Belleval prenait à Franlo, et les raisons pour lesquelles le croyant un excellent parti, il le présentait chez les Faxelange.

Le jour pris pour la visite attendue, Mme de Faxelange, sans prévenir sa fille, la fait parer de ses plus beaux atours ; elle lui recommande d'être la plus polie et la plus aimable possible, devant l'étranger qu'elle va voir, et de faire sans difficulté usage de ses talents, si on l'exige, parce que cet étranger est un homme qui leur est personnellement recommandé, et que Mr de Faxelange et elle ont des raisons de bien recevoir.

Cinq heures sonnent ; c'était l'instant annoncé, et Mr de Franlo paraît sous l'escorte de Mr de Belleval ; il était impossible d'être mieux mis, d'avoir un ton plus décent, un maintien plus honnête, mais nous l'avons dit, il y avait un certain je ne sais quoi dans la physionomie de cet homme qui déprévenait sur-le-champ, et ce n'était que par beaucoup d'art dans ses manières, beaucoup de jeu dans les traits de son visage qu'il réussissait à couvrir ce défaut.

La conversation s'engage ; on y discute différents objets, et Mr de Franlo les traite tous, comme l'homme du monde le mieux élevé…, le plus instruit. On raisonne sur les sciences ; Mr de Franlo les analyse toutes ; les arts ont leur tour ; Franlo prouve qu'il les connaît, et qu'il n'en est aucun dont il n'ait quelquefois fait ses délices… En politique, même profondeur ; cet homme règle le monde entier, et tout cela sans affectation, sans se prévaloir, mêlant à tout ce qu'il dit un air de modestie qui semble demander l'indulgence et prévenir qu'il peut se tromper, qu'il est bien loin d'être sûr de ce qu'il ose avancer. On parle musique. Mr de Belleval prie Mlle de Faxelange de chanter ; elle le fait en rougissant, et Franlo, au second air, lui demande la permission de l'accompagner d'une guitare qu'il voit sur un fauteuil ; il pince cet instrument avec toutes les grâces et toute la justesse possibles, laissant voir à ses doigts, sans affectation, des bagues d'un prix prodigieux. Mlle de Faxelange reprend un troisième air, absolument du jour ; Mr de Franlo l'accompagne sur le piano avec toute la précision des plus grands maîtres. On invite Mlle de Faxelange à lire quelques traits de Pope en anglais ; Franlo lie sur-le-champ la conversation dans cette langue, et prouve qu'il la possède au mieux.

Cependant la visite se termina sans qu'il fût rien échappé au baron, qui témoignât sa façon de penser sur Mlle de Faxelange, et le père de cette jeune personne, enthousiasmé de sa nouvelle connaissance, ne voulut jamais se séparer sans une promesse intime de Mr de Franlo de venir dîner chez lui le dimanche d'ensuite.

Mme de Faxelange, moins engouée, en raisonnant le soir sur ce personnage, ne se rencontra pas tout à fait de l'avis de son époux ; elle trouvait, disait-elle, à cet homme, quelque chose de si révoltant au premier coup d'œil qu'il lui semblait que s'il venait à désirer sa fille, elle ne la lui donnerait jamais qu'avec beaucoup de peine. Son mari combattit cette répugnance ; Franlo était, disait-il, un homme charmant ; il était impossible d'être plus instruit, d'avoir un plus joli maintien ; que pouvait faire la figure ? faut-il s'arrêter à ces choses-là dans un homme ? Que Mme de Faxelange au reste n'eût pas de craintes, elle ne serait pas assez heureuse pour que Franlo voulût jamais s'allier à elle, mais si par hasard il le voulait, ce serait assurément une folie que de manquer un tel parti. Leur fille devait-elle jamais s'attendre à en trouver un de cette importance ? Tout cela ne convainquait pas une mère prudente ; elle prétendait que la physionomie était le miroir de l'âme, et que si celle de Franlo répondait à sa figure, assurément ce n'était point là le mari qui devait rendre sa chère fille heureuse.

Le jour du dîner arriva : Franlo mieux paré que l'autre fois, plus profond et plus aimable encore, en fit l'ornement et les délices ; on le mit au jeu en sortant de table avec Mlle de Faxelange, Belleval et un autre homme de la société ; Franlo fut très malheureux et le fut avec une noblesse étonnante : il perdit tout ce qu'on peut perdre ; c'est souvent une manière d'être aimable dans le monde, notre homme ne l'ignorait pas. Un peu de musique suivit, et Mr de Franlo joua de trois ou quatre sortes d'instruments divers. La journée se termina par *les Français*, où le baron donna publiquement la main à Mlle de Faxelange, et l'on se sépara.

Un mois se passa de la sorte, sans qu'on n'entendît parler d'aucune proposition ; chacun de son côté se tenait sur la réserve ; les Faxelange ne voulaient pas se jeter à la tête, et Franlo, qui de son côté désirait fort de réussir, craignait de tout gâter par trop d'empressement.

Enfin Mr de Belleval parut, et pour cette fois, chargé d'une négociation en règle, il déclara formellement à Mr et Mme de Faxelange que Mr le baron de Franlo, originaire du Vivarais, possédant de très grands biens en Amérique, et désirant de se marier, avait jeté les yeux sur Mlle de Faxelange, et faisait demander aux parents de cette charmante personne s'il lui était permis de former quelque espoir.

Les premières réponses, pour la forme, furent que Mlle de Faxelange était encore bien jeune pour s'occuper de l'établir, et quinze jours après on fit prier le baron à dîner ; là, Mr de Franlo fut engagé à s'expliquer. Il dit qu'il possédait trois terres en Vivarais, de la valeur de 12 à 15 000 livres de rente chacune ; que son père ayant passé en Amérique y avait épousé une créole, dont il avait eu près d'un million de bien, qu'il héritait de ces possessions n'ayant plus de parents, et que ne les ayant jamais reconnues, il était décidé à y aller avec sa femme aussitôt qu'il serait marié.

Cette clause déplut à Mme de Faxelange, elle avoua ses craintes ; à cela Franlo répondit qu'on allait maintenant en Amérique comme en Angleterre, que ce voyage était indispensable pour lui, mais qu'il ne durerait que deux ans, et qu'à ce terme, il s'engageait à ramener sa femme à Paris ; qu'il ne restait donc plus que l'article de la séparation de la chère fille avec sa mère, mais qu'il fallait bien toujours qu'elle eût lieu, son projet n'étant pas d'habiter constamment à Paris, où ne se trouvant qu'au ton de tout le monde, il ne pouvait être avec le même agrément que dans des terres où sa fortune lui faisait jouer un grand rôle. On entra ensuite dans quelques autres détails, et cette première entrevue cessa, en priant Franlo de vouloir bien donner lui-même le nom de quelqu'un de connu dans sa province à qui l'on pût s'adresser pour les informations, toujours d'usage en pareil cas. Franlo, nullement surpris du projet de ces sûretés, les approuva, les conseilla, et dit que ce qui lui paraissait le plus simple et le plus prompt était de s'adresser dans les bureaux du ministre. Le moyen fut approuvé ; Mr de Faxelange y fut le lendemain, il parla au ministre même, qui lui certifia que Mr de Franlo, actuellement à Paris, était très certainement un des hommes du Vivarais, et qui valût le mieux, et qui fût le plus riche. Mr de Faxelange, plus échauffé que jamais sur cette affaire, rapporta ces excellentes nouvelles à sa femme, et n'ayant pas envie de différer plus longtemps, on fit venir Mlle de Faxelange dès le même soir, et l'on lui proposa Mr de Franlo pour époux.

Depuis quinze jours cette charmante fille s'était bien aperçue qu'il y avait quelques projets d'établissement pour elle, et par un caprice assez ordinaire aux femmes, l'orgueil imposa silence à l'amour ; flattée du luxe et de la magnificence de Franlo, elle lui donna insensiblement la préférence sur Mr de Goé, de manière qu'elle répondit affirmativement qu'elle était prête à faire ce qu'on lui proposait et qu'elle obéirait à sa famille.

Goé n'avait pas été de son côté dans une telle indifférence qu'il n'eût appris une partie de ce qui se passait. Il accourut chez sa maîtresse et fut consterné du froid qu'elle afficha ; il s'exprime avec toute la chaleur que lui inspire le feu dont il brûle, il mêle à l'amour le plus tendre les reproches les plus amers, il dit à celle qu'il aime, qu'il voit bien d'où naît un changement qui lui donne la mort ; aurait-il dû la soupçonner jamais d'une infidélité si cruelle ! Des larmes viennent ajouter de l'intérêt et de l'énergie aux sanglantes plaintes de ce jeune homme ; Mlle de Faxelange s'émeut, elle avoue sa faiblesse, et tous deux conviennent qu'il n'y a pas d'autre façon de réparer le mal commis que de faire agir les parents de Mr de Goé ; cette résolution se suit ; le jeune homme tombe aux pieds de son père, il le conjure de lui obtenir la main de sa cousine, il proteste d'abandonner à jamais la France si on lui refuse cette faveur, et fait tant que Mr de Goé, attendri, va dès le lendemain trouver Faxelange et lui demande sa fille. Il est remercié de l'honneur qu'il fait ; mais on lui déclare qu'il n'est plus temps et que les paroles sont données. Mr de Goé qui n'agit que par complaisance, qui, dans le fond, n'est point fâché de voir mettre des obstacles à un mariage qui ne lui convient pas trop, revient annoncer froidement cette nouvelle à son fils, le conjure en même temps de changer d'idée et de ne point s'opposer au bonheur de sa cousine.

Le jeune Goé, furieux, ne promet rien ; il accourt chez Mlle de Faxelange, qui flottant sans cesse entre son amour et sa vanité, est bien moins délicate cette fois-ci que l'autre, et tâche d'engager son amant à se consoler du parti qu'elle est à la veille de prendre ; Mr de Goé essaye de paraître calme, il se contient, il baise la main de sa cousine et sort dans un état d'autant plus cruel qu'il est contraint à le déguiser, pas assez cependant pour ne pas jurer à sa maîtresse qu'il n'adorera jamais qu'elle, mais qu'il ne veut pas troubler son bonheur.

Franlo, pendant ceci, prévenu par Belleval qu'il est temps d'attaquer sérieusement le cœur de Mlle de Faxelange, attendu qu'il y a des rivaux à craindre, met tout en usage pour se rendre encore plus aimable ; il envoie des présents superbes à sa future épouse, qui, d'accord avec ses parents, ne fait aucune difficulté de recevoir les galanteries d'un homme qu'elle doit regarder comme son mari ; il loue une maison charmante à deux lieues de Paris, et y donne pendant huit jours de suite des fêtes délicieuses à sa maîtresse ; ne cessant de joindre ainsi la séduction la plus adroite aux démarches sérieuses qui doivent tout conclure, il a bientôt tourné la tête de notre chère fille, il en a bientôt effacé son rival.

Il restait pourtant à Mlle de Faxelange des moments de souvenirs, où ses larmes coulaient involontairement ; elle éprouvait des remords affreux de trahir ainsi le premier objet de sa tendresse, celui qu'elle avait tant aimé depuis son enfance… « Qu'a-t-il donc fait pour mériter cet abandon de ma part ? se demandait-elle avec douleur. A-t-il cessé de m'adorer ?… hélas, non, et je le trahis… et pour qui, grand Dieu ! pour qui donc ?… pour un homme que je ne connais point… qui me séduit par son faste… et qui me fera peut-être payer bien cher cette gloire où je sacrifie mon amour… Ah ! les vaines fleurettes qui me séduisent… valent-elles ces expressions délicieuses de Goé… ces serments si sacrés de m'adorer toujours… ces larmes du sentiment qui les accompagnent… Ô Dieu ! que de regrets, si j'allais être trompée ! » ; mais pendant toutes ces réflexions, on parait la divinité pour une fête, on l'embellissait des présents de Franlo, et elle oubliait ses remords.

Une nuit, elle rêva que son prétendu, transformé en bête féroce, la précipitait dans un gouffre de sang où surnageait une foule de cadavres ; elle élevait en vain sa voix pour obtenir des secours de son mari, il ne l'écoutait pas... Goé survient, il la retire, il l'abandonne... elle s'évanouit... Ce rêve affreux la rendit malade deux jours ; une nouvelle fête dissipa ces farouches illusions et Mlle de Faxelange, séduite, fut au point de s'en vouloir à elle-même de l'impression qu'elle avait pu ressentir de ce chimérique rêve[1].

Tout se préparait enfin, et Franlo, pressé de conclure, était au moment de prendre jour, quand notre héroïne reçut de lui, un matin, le billet suivant :

---

1. Les rêves sont des mouvements secrets qu'on ne met pas assez à leur vraie place ; la moitié des hommes s'en moque, l'autre portion y ajoute foi ; il n'y aurait aucun inconvénient à les écouter, et à s'y rendre même dans le cas que je vais dire. Lorsque nous attendons le résultat d'un événement quelconque, et que la manière dont il doit succéder pour nous nous occupe tout le long du jour, nous y rêvons très certainement ; or, notre esprit alors, uniquement occupé de son objet, nous fait presque toujours voir une des faces de cet événement où nous n'avons souvent pas pensé pendant la veille, et dans ce cas, quelle superstition, quel inconvénient, quelle faute enfin contre la philosophie y aurait-il à classer dans le nombre des résultats de l'événement attendu, celui que le rêve nous a offert, et à se conduire en conséquence. Il me semble que ce ne serait qu'un surcroît de sagesse ; car enfin, ce rêve est sur le résultat de l'événement en question, un des efforts de l'esprit, qui nous ouvre et indique une face nouvelle à l'événement ; que cet effort se fasse en dormant, ou en veillant, qu'importe : voilà toujours une des combinaisons trouvées, et tout ce que vous ferez en raison d'elle ne peut jamais être une folie et ne doit être jamais accusé de superstition. L'ignorance de nos pères les conduisait sans doute à de grandes absurdités ; mais croit-on que la philosophie n'ait pas aussi ses écueils ; à force d'analyser la nature, nous ressemblons au chimiste qui se ruine pour faire un peu d'or. Élaguons, mais n'anéantissons pas tout, parce qu'il y a dans la nature des choses très singulières et que nous ne devinerons jamais.

Un homme furieux et que je ne connais point me prive du bonheur de donner ce soir à souper, comme je m'en flattais, à Monsieur et Madame de Faxelange et à leur adorable fille ; cet homme, qui dit que je lui enlève le bonheur de sa vie, a voulu se battre et m'a donné un coup d'épée, que je lui rendrai, j'espère, dans quatre jours ; mais on me met au régime vingt-quatre heures. Quelle privation pour moi de ne pouvoir, comme je l'espérais ce soir, renouveler à Mademoiselle de Faxelange les serments de l'amour.

Du baron de Franlo.

Cette lettre ne fut pas un mystère pour Mlle de Faxelange ; elle se hâta d'en faire part à sa famille, et crut le devoir pour la sûreté même de son ancien amant, qu'elle était désolée de sentir ainsi se compromettre pour elle... pour elle qui l'outrageait si cruellement ; cette démarche hardie et impétueuse d'un homme qu'elle aimait encore balançait furieusement les droits de Franlo ; mais si l'un avait attaqué, l'autre avait perdu son sang, et Mlle de Faxelange était dans le malheureux cas de tout interpréter maintenant en faveur de Franlo ; Goé eut donc tort, et Franlo fut plaint.

Pendant que Mr de Faxelange vole chez le père de Goé pour le prévenir de ce qui se passe, Belleval, Mme et Mlle de Faxelange vont consoler Franlo qui les reçoit sur une chaise longue, dans le déshabillé le plus coquet, et avec cette sorte d'abattement dans la figure qui semblait remplacer par de l'intérêt ce qu'on y trouvait parfois de choquant.

Mr de Belleval et son protégé profitèrent de la circonstance pour engager Mme de Faxelange à presser : cette affaire pouvait avoir des suites... obliger peut-être Franlo à quitter Paris, le voudrait-il sans avoir terminé... et mille autres raisons que l'amitié de Mr de Belleval et l'adresse de Mr de Franlo trouvèrent promptement et firent valoir avec énergie.

Mme de Faxelange était tout à fait vaincue ; séduite comme toute la famille par l'extérieur de l'ami de Belleval, tourmentée par son mari et ne voyant dans sa fille que d'excellentes dispositions pour cet hymen, elle s'y préparait maintenant sans la moindre répugnance ; elle termina donc la visite en assurant Franlo que le premier jour où sa santé lui permettrait de sortir serait celui du mariage. Notre politique amant témoigna quelques tendres inquiétudes à Mlle de Faxelange sur le rival que tout cela venait de lui faire connaître ; celle-ci le rassura le plus honnêtement du monde, en exigeant néanmoins de lui sa parole, qu'il ne poursuivrait jamais Goé, de quelque manière que ce pût être ; Franlo promit et l'on se sépara.

Tout s'arrangeait chez le père de Goé, son fils était convenu de ce que la violence de son amour lui avait fait faire ; mais sitôt que ce sentiment déplaisait à Mlle de Faxelange, dès qu'il en était aussi cruellement délaissé, il ne chercherait pas à la contraindre ; Mr de Faxelange, tranquille, ne songea donc plus qu'à conclure. Il fallait de l'argent ; Mr de Franlo, passant tout de suite en Amérique, était bien aise ou d'y réparer, ou d'y augmenter ses possessions, et c'était à cela qu'il comptait placer la dot de sa femme. On était convenu de 400 000 francs ; c'était une furieuse brèche à la fortune de Mr de Faxelange, mais il n'avait qu'une fille, tout devait lui revenir un jour, c'était une affaire qui ne se retrouverait plus, il fallait donc se sacrifier. On vendit, on engagea, bref la somme se trouva prête le sixième jour depuis l'aventure de Franlo, et à environ trois mois de l'époque où il avait vu Mlle de Faxelange pour la première fois. Il parut enfin comme son époux ; les amis, la famille, tout se rassembla ; le contrat fut signé, l'on convint de faire la cérémonie le lendemain sans éclat et que deux jours après Franlo partirait avec son argent et sa femme.

Le soir de ce fatal jour, Mr de Goé fit supplier sa cousine de lui accorder un rendez-vous dans un endroit secret qu'il lui indiqua et où il savait bien que Mlle de Faxelange avait la possibilité de se rendre ; sur le refus de celle-ci, il renvoya un second message, en faisant assurer sa cousine que ce qu'il avait à lui dire était d'une trop grande conséquence pour qu'elle pût refuser de l'entendre : notre héroïne infidèle, séduite, éblouie, mais ne pouvant haïr son ancien amant, cède enfin et se rend à l'endroit convenu.

« Je ne viens point, dit Mr de Goé à sa cousine, dès qu'il l'aperçut, je ne viens point, mademoiselle, troubler ce que votre famille et vous appelez le bonheur de votre vie, mais la probité dont je fais profession m'oblige à vous avertir qu'on vous abuse ; l'homme que vous épousez est un escroc, qui, après vous avoir volée, vous rendra peut-être la plus malheureuse des femmes ; c'est un fripon et vous êtes trompée. »

À ce discours, Mlle de Faxelange dit à son cousin, qu'avant de se permettre de diffamer aussi cruellement quelqu'un, il fallait des preuves plus claires que le jour.

« Je ne les possède pas encore, dit Mr de Goé, j'en conviens, mais on s'informe, et je puis être éclairé dans peu. Au nom de tout ce qui vous est le plus cher, obtenez un délai de vos parents.

— Cher cousin, dit Mlle de Faxelange en souriant, votre feinte est découverte, vos avis ne sont qu'un prétexte, et les délais que vous exigez, qu'un moyen pour essayer de me détourner d'un arrangement qui ne peut plus se rompre ; avouez-moi donc votre ruse, je vous la pardonne, mais ne cherchez pas à m'inquiéter sans raison, dans un moment où il n'est plus possible de rien déranger. »

Mr de Goé, qui réellement n'avait que des soupçons, sans aucune certitude réelle, et qui dans le fait ne cherchait qu'à gagner du temps, se précipite aux genoux de sa maîtresse : « Ô toi que j'adore, s'écrie-t-il, toi que j'idolâtrerai jusqu'au tombeau, c'en est donc fait du bonheur de mes jours, et tu vas me quitter pour jamais... Je l'avoue, ce que j'ai dit n'est qu'un soupçon, mais il ne peut sortir de mon esprit, il me tourmente encore plus que le désespoir où je suis de me séparer de toi... Daigneras-tu au faîte de ta gloire te souvenir de ces temps si doux de notre enfance... de ces moments délicieux où tu me jurais de n'être jamais qu'à moi... Ah ! comme ils ont passé ces instants du plaisir, et que ceux de la douleur vont être longs ! Qu'avais-je fait pour mériter cet abandon de ta part ? Dis, cruelle, qu'avais-je fait ? et pourquoi sacrifies-tu celui qui t'adore ? T'aime-t-il autant que moi, ce monstre qui te ravit à ma tendresse ? T'aime-t-il depuis aussi longtemps ?... »

Des larmes coulaient avec abondance des yeux du malheureux Goé, et il serrait avec expression la main de celle qu'il adorait, il la portait alternativement et sur sa bouche et sur son cœur.

Il était difficile que la sensible Faxelange ne se trouvât pas un peu émue de tant d'agitation. Elle laissa échapper quelques pleurs. « Mon cher Goé, dit-elle à son cousin, crois que tu me seras toujours cher ; je suis obligée d'obéir, tu vois bien qu'il était impossible que nous fussions jamais l'un à l'autre.

— Nous aurions attendu.

— Oh Dieu ! fonder sa prospérité sur le malheur de ses parents.

— Nous ne l'aurions pas désiré, mais nous étions en âge d'attendre.

— Et qui m'eût répondu de ta fidélité ?

— Ton caractère... tes charmes, tout ce qui t'appartient... On ne cesse jamais d'aimer, quand c'est toi qu'on adore... Si tu voulais être encore à moi... fuyons au bout de l'univers, ose m'aimer assez pour me suivre.

— Rien au monde ne me déterminerait à cette démarche ; va, console-toi, mon ami, oublie-moi, c'est ce qui te reste de plus sage à faire ; mille beautés te dédommageront.

— N'ajoute pas l'outrage à l'infidélité ; moi t'oublier, cruelle, moi me consoler jamais de ta perte ! non, tu ne le crois pas, tu ne m'as jamais soupçonné assez lâche pour oser le croire un instant.

— Ami, trop malheureux, il faut nous séparer ; tout ceci ne fait que m'affliger sans remède, il n'en reste plus aux maux dont tu te plains… séparons-nous, c'est le plus sage.

— Eh bien ! je vais t'obéir, je vois que c'est la dernière fois de ma vie que je te parle ; n'importe, je vais t'obéir, perfide ; mais j'exige de toi deux choses, porteras-tu la barbarie jusqu'à me les refuser ?

— Eh quoi ?

— Une boucle de tes cheveux, et ta parole de m'écrire une fois tous les mois, pour m'apprendre au moins si tu es heureuse… je me consolerai si tu l'es… mais si jamais ce monstre… crois-moi, chère amie, oui, crois-moi… j'irais te chercher au fond des enfers pour t'arracher à lui.

— Que jamais cette crainte ne te trouble, cher cousin, Franlo est le plus honnête des hommes, je ne vois que sincérité… que délicatesse dans lui… je ne lui vois que des projets pour mon bonheur.

— Ah ! juste ciel, où est le temps où tu disais que ce bonheur ne serait jamais possible qu'avec moi… Eh bien ! m'accordes-tu ce que je te demande ?

— Oui, répondit Mlle de Faxelange, tiens, voilà les cheveux que tu désires, et sois bien sûr que je t'écrirai ; séparons-nous, il le faut. »

En prononçant ces mots, elle tend une main à son amant, mais la malheureuse se croyait mieux guérie qu'elle ne l'était. Quand elle sentit cette main inondée des pleurs de celui qu'elle avait tant chéri, ses sanglots la suffoquèrent, et elle tomba sur un fauteuil, sans connaissance. Cette scène se passait chez une femme attachée à Mlle de Faxelange, qui se hâta de la secourir, et ses yeux ne se rouvrirent que pour voir son amant arrosant ses genoux des larmes du désespoir ; elle rappelle son courage, toutes ses forces, elle le relève. « Adieu, lui dit-elle, adieu, aime toujours celle à qui tu seras cher jusqu'au dernier jour de sa vie ; ne me reproche plus ma faute, il n'est plus temps ; j'ai été séduite… entraînée… mon cœur ne peut plus écouter que son devoir ; mais tous les sentiments qu'il n'exigera pas seront à jamais à toi. Ne me suis point. Adieu ! »

Goé se retira dans un état terrible, et Mlle de Faxelange fut chercher dans le sein d'un repos qu'en vain elle implora quelque calme aux remords dont elle était déchirée, et desquels naissait une sorte de pressentiment dont elle n'était pas la maîtresse. Cependant la cérémonie du jour, les fêtes qui devaient l'embellir, tout calma cette fille trop faible ; elle prononça le mot fatal qui la liait à jamais, tout l'étourdit, tout l'entraîna le reste du jour, et dès la même nuit, elle consomma le sacrifice affreux qui la séparait éternellement du seul homme qui fût digne d'elle.

Le lendemain, les apprêts du départ l'occupèrent ; le jour d'après, accablée des caresses de ses parents, Mme de Franlo monta dans la chaise de poste de son mari munie des 400 000 francs de sa dot, et l'on partit pour le Vivarais. Franlo y allait, disait-il, pour six semaines, avant de s'embarquer pour l'Amérique, où il passerait sur un vaisseau de La Rochelle, dont il s'était assuré d'avance.

L'équipage de nos nouveaux époux consistait en deux valets à cheval appartenant à Mr de Franlo, et une femme de chambre à madame, attachée à elle depuis l'enfance, que la famille avait demandé qu'on lui laissât toute la vie. On devait prendre de nouveaux domestiques quand on serait au lieu de la destination.

On fut à Lyon sans s'arrêter, et jusque-là, les plaisirs, la joie, la délicatesse accompagnèrent nos deux voyageurs ; à Lyon tout change de face. Au lieu de descendre dans un hôtel garni, comme le pratiquent d'honnêtes gens, Franlo fut se loger dans une auberge obscure au-delà du pont de la Guillotière. Il y soupa, et au bout de deux heures, il congédia un de ses valets, prit un fiacre avec l'autre, son épouse et la femme de chambre, se fit suivre par une charrette où était tout le bagage, et fut coucher à plus d'une lieue de la ville, dans un cabaret entièrement isolé sur les bords du Rhône.

Cette conduite alarma Mme de Franlo.

« Où me conduisez-vous donc, monsieur ? dit-elle à son mari.

— Eh parbleu ! madame, dit celui-ci d'un air brusque… avez-vous peur que je vous perde ? Il semblerait, à vous entendre, que vous fussiez dans les mains d'un fripon. Nous devons nous embarquer demain matin ; j'ai pour usage, afin d'être plus à portée, de me loger la veille sur le bord de l'eau ; des bateliers m'attendent là, et nous perdons ainsi beaucoup moins de temps. »

Mme de Franlo se tut. On arriva dans une tanière dont les abords faisaient frémir ; mais quel fut l'étonnement de la malheureuse Faxelange, quand elle entendit la maîtresse de cette effrayante taverne, plus affreuse encore que son logis, quand elle l'entendit dire au prétendu baron :

« Ah ! te voilà, Tranche-Montagne, tu t'es fait diablement attendre ; fallait-il donc tant de temps pour aller chercher cette fille ? Va, il y a bien des nouvelles depuis ton départ ; la Roche a été branché hier aux Terreaux… Casse-Bras est encore en prison ; on lui fera peut-être son affaire aujourd'hui ; mais n'aie point d'inquiétude, aucun n'a parlé de toi, et tout va toujours bien là-bas ; ils ont fait une capture du diable ces jours-ci, il y a eu six personnes de tuées, sans que tu y aies perdu un seul homme. »

Un frémissement universel s'empara de la malheureuse Faxelange… Qu'on se mette un instant à sa place, et qu'on juge de l'effet affreux que devait produire sur son âme délicate et douce la chute aussi subite de l'illusion qui la séduisait. Son mari s'apercevant de son trouble s'approcha d'elle.

« Madame, lui dit-il avec fermeté, il n'est plus temps de feindre ; je vous ai trompée, vous le voyez, et comme je ne veux pas que cette coquine-là, continua-t-il en regardant la femme de chambre, puisse en donner des nouvelles, trouvez bon, dit-il, en tirant un pistolet de sa poche, et brûlant la cervelle à cette infortunée, trouvez bon, madame, que ce soit comme cela que je l'empêche d'ouvrir jamais la bouche… »

Puis reprenant aussitôt dans ses bras son épouse presque évanouie :

« Quant à vous, madame, soyez parfaitement tranquille ; je n'aurai pour vous que d'excellents procédés ; sans cesse en possession des droits de mon épouse, vous jouirez partout de ces prérogatives, et mes camarades, soyez-en bien sûre, respecteront toujours en vous la femme de leur chef. »

Comme l'intéressante créature dont nous écrivons l'histoire se trouvait dans une situation des plus déplorables, son mari lui donna tous ses soins, et quand elle fut un peu revenue, ne voyant plus la chère compagne dont Franlo venait de faire jeter le cadavre dans la rivière, elle se remit à fondre en larmes.

« Que la perte de cette femme ne vous inquiète point, dit Franlo, il était impossible que je vous la laissasse ; mais mes soins pourvoiront à ce que rien ne vous manque, quoique vous ne l'ayez plus auprès de vous. »

Et voyant sa malheureuse épouse un peu moins alarmée :

« Madame, continua-t-il, je n'étais point né pour le métier que je fais, c'est le jeu qui m'a précipité dans cette carrière d'infortune et de crimes ; je ne vous en ai point imposé en me donnant à vous pour le baron de Franlo ; ce nom et ce titre m'ont appartenu ; j'ai passé ma jeunesse au service, j'y avais dissipé à 28 ans le patrimoine dont j'avais hérité depuis trois, il n'a fallu que ce court intervalle pour me ruiner ; celui entre les mains duquel ont passé ma fortune et mon nom, étant maintenant en Amérique, j'ai cru pouvoir pendant quelques mois à Paris tromper le public en reprenant ce que j'avais perdu ; la feinte a réussi au-delà de mes désirs ; votre dot me coûte 100 000 francs de frais, j'y gagne donc, comme vous voyez, 100 000 écus, et une femme charmante, une femme que j'aime, et de laquelle je jure d'avoir toute ma vie le plus grand soin. Qu'elle daigne donc, avec un peu de calme, entendre la suite de mon histoire ; mes malheurs essuyés, je pris parti dans une troupe de bandits qui désolait les provinces centrales de la France (funeste leçon aux jeunes gens qui se laisseront emporter à la folle passion du jeu), je fis des coups hardis dans cette troupe, et deux ans après y être entré, j'en fus reconnu pour le chef; j'en changeai la résidence, je vins habiter une vallée déserte, resserrée, dans les montagnes du Vivarais, qu'il est presque impossible de pouvoir découvrir, et où la justice n'a jamais pénétré. Tel est le lieu de mon habitation, madame, tels sont les états dont je vais vous mettre en possession; c'est le quartier général de ma troupe, et c'est de là d'où partent mes détachements; je les pousse au nord jusqu'en Bourgogne, au midi jusqu'aux bords de la mer; ils vont à l'orient jusqu'aux frontières du Piémont, au couchant jusqu'au-delà des montagnes d'Auvergne; je commande 400 hommes, tous déterminés comme moi, et tous prêts à braver mille morts, et pour vivre et pour s'enrichir. Nous tuons peu en faisant nos coups, de peur que les cadavres ne nous trahissent; nous laissons la vie à ceux que nous ne craignons pas, nous forçons les autres à nous suivre dans notre retraite, et nous ne les égorgeons que là, après avoir tiré d'eux et tout ce qu'ils peuvent posséder et tous les renseignements qui nous sont utiles. Notre façon de faire la guerre est un peu cruelle, mais notre sûreté en dépend. Un gouvernement juste devrait-il souffrir que la faute qu'un jeune homme fait en dissipant son bien si jeune soit punie du supplice affreux de végéter quarante ou cinquante ans dans la misère? Une imprudence le dégrade-t-elle? le déshonore-t-elle? Faut-il, parce qu'il a été malheureux, ne lui laisser d'autres ressources que l'avilissement ou les chaînes? On fait des scélérats avec de tels principes, vous le voyez, madame, j'en suis la preuve. Si les lois sont sans vigueur contre le jeu, si elles l'autorisent au contraire, qu'on ne permette pas au moins qu'un homme ait au jeu le droit d'en dépouiller totalement un autre, ou si l'état dans lequel le premier réduit le second au coin d'un tapis vert, si ce crime, dis-je, n'est réprimé par aucune loi, qu'on ne punisse pas aussi cruellement qu'on le fait le délit à peu près égal que nous commettons en dépouillant de même le voyageur dans un bois ; et que peut donc importer la manière, dès que les suites sont égales ? Croyez-vous qu'il y ait une grande différence entre un banquier de jeu vous volant au *Palais Royal*, ou Tranche-Montagne vous demandant la bourse au *bois de Boulogne* ? C'est la même chose, madame, et la seule distance réelle qui puisse s'établir entre l'un et l'autre, c'est que le banquier vous vole en poltron, et l'autre en homme de courage.

« Revenons à vous, madame ; je vous destine donc à vivre chez moi dans la plus grande tranquillité ; vous trouverez quelques autres femmes de mes camarades qui pourront vous former un petit cercle… peu amusant, sans doute ; ces femmes-là sont bien loin de votre état et de vos vertus, mais elles vont seront soumises ; elles s'occuperont de vos plaisirs, et ce sera toujours une distraction. Quant à votre emploi dans mes petits domaines, je vous l'expliquerai quand nous y serons ; ne pensons ce soir qu'à votre repos, il est bon que vous en preniez un peu, pour être en état de partir demain de très bonne heure. »

Franlo ordonna à la maîtresse du logis d'avoir tous les soins possibles de son épouse, et il la laissa avec cette vieille ; celle-ci ayant bien changé de ton avec Mme de Franlo, depuis qu'elle voyait à qui elle avait affaire, la contraignit de prendre un bouillon coupé avec du vin de l'Hermitage, dont la malheureuse femme avala quelques gouttes pour ne pas déplaire à son hôtesse, et l'ayant ensuite suppliée de la laisser seule le reste de la nuit, cette pauvre créature se livra dès qu'elle fut en paix à toute l'amertume de sa douleur.

« Ô mon cher Goé, s'écriait-elle au milieu de ses sanglots, comme la main de Dieu me punit de la trahison que je t'ai faite ! Je suis à jamais perdue, une retraite impénétrable va m'ensevelir aux yeux de l'univers, il me deviendra même impossible de t'instruire des malheurs qui m'accableront, et quand on ne m'en empêcherait pas, l'oserais-je après ce que je t'ai fait ? Serais-je encore digne de ta pitié… et vous, mon père… et vous, ma respectable mère, vous dont les pleurs ont mouillé mon sein, pendant qu'enivrée d'orgueil, j'étais presque froide à vos larmes, comment apprendrez-vous mon effroyable sort ? … À quel âge, grand Dieu, me vois-je enterrée vive avec de tels monstres ? Combien d'années puis-je encore souffrir dans cette punition terrible ? Ô scélérat ! comme tu m'as séduite et comme tu m'as trompée ! »

Mlle de Faxelange (car son nom de femme nous répugne maintenant) était dans ce chaos d'idées sombres, de remords et d'appréhensions terribles, sans que les douceurs du sommeil eussent pu calmer son état, lorsque Franlo vint la prier de se lever afin d'être embarquée avant le jour ; elle obéit, et se jette dans le bateau la tête enveloppée dans des coiffes qui déguisaient les traits de sa douleur, et qui cachaient ses larmes au cruel qui les faisait couler. On avait préparé dans la barque un petit réduit de feuillages où elle pouvait aller se reposer en paix ; et Franlo, on doit le dire à sa justification, Franlo qui voyait le besoin que sa triste épouse avait d'un peu de calme, l'en laissa jouir sans la troubler. Il est quelques races d'honnêteté dans l'âme des scélérats, et la vertu est d'un tel prix aux yeux des hommes que les plus corrompus mêmes sont forcés de lui rendre hommage dans mille occasions de leur vie.

Les attentions que cette jeune femme voyait qu'on avait pour elle la calmaient néanmoins un peu ; elle sentit que dans sa situation, elle n'avait d'autre parti à prendre que de ménager son mari, et lui laissa voir de la reconnaissance.

La barque était conduite par des gens de la troupe de Franlo, et Dieu sait tout ce qu'on y dit ! Notre héroïne abîmée dans sa douleur n'en écouta rien, et l'on arriva le même soir aux environs de la ville de Tournon, située sur la côté occidentale du Rhône, au pied des montagnes du Vivarais. Notre chef et ses compagnons passèrent la nuit comme la précédente dans une taverne obscure, connue d'eux seuls dans ces environs. Le lendemain, on amena un cheval à Franlo, il y monta avec sa femme, deux mulets portèrent les bagages, quatre hommes armés les escortèrent ; on traversa les montagnes, on pénétra dans l'intérieur du pays, par d'inabordables sentiers.

Nos voyageurs arrivèrent le second jour fort tard dans une petite plaine, d'environ une demi-lieue d'étendue, resserrée de toutes parts par des montagnes inaccessibles et dans laquelle on ne pouvait pénétrer que par le seul sentier que pratiquait Franlo ; à la gorge de ce sentier était un poste de dix de ces scélérats, relevé trois fois la semaine, et qui veillait constamment jour et nuit. Une fois dans la plaine on trouvait une mauvaise bourgade, formée d'une centaine de huttes, à la manière des sauvages, à la tête desquelles était une maison assez propre, composée de deux étages, partout environnée de hauts murs et appartenant au chef. C'était là son séjour et en même temps la citadelle de la place, l'endroit où se tenaient les magasins, les armes et les prisonniers ; deux souterrains profonds et bien voûtés servaient à ces usages ; sur eux étaient bâtis trois petites pièces au rez-de-chaussée, une cuisine, une chambre ; une petite salle, et au-dessus un appartement assez commode pour la femme du capitaine, terminé par un cabinet de sûreté pour les trésors. Un domestique fort rustre, et une fille servant de cuisinière étaient tout le train de la maison ; il n'y en avait pas autant chez les autres.

Mlle de Faxelange, accablée de lassitude et de chagrins, ne vit rien de tout cela le premier soir ; elle gagna à peine le lit qu'on lui indiqua, et s'y étant assoupie d'accablement, elle y fut au moins tranquille jusqu'au lendemain matin.

Alors le chef entra dans son appartement :

« Vous voilà chez vous, madame, lui dit-il ; ceci est un peu différent des trois belles terres que je vous avais promises, et des magnifiques possessions d'Amérique sur lesquelles vous aviez compté ; mais consolez-vous, ma chère, nous ne ferons pas toujours ce métier-là, il n'y a pas longtemps que je l'exerce, et le cabinet que vous voyez recèle déjà, votre dot comprise, près de deux millions de numéraire ; quand j'en aurai quatre, je passe en Irlande, et m'y établis magnifiquement avec vous.

— Ah ! monsieur, dit Mlle de Faxelange en répandant un torrent de larmes, croyez-vous que le ciel vous laissera vivre en paix jusqu'alors ?

— Oh ! ces sortes de choses-là, madame, dit Franlo, nous ne les calculons jamais ; notre proverbe est que *celui qui craint la feuille ne doit point aller aux bois* ; on meurt partout ; si je risque ici l'échafaud, je risque un coup d'épée dans le monde ; il n'y aucune situation qui n'ait ses dangers, c'est à l'homme sage à les comparer aux profits et à se décider en conséquence. La mort qui nous menace est la chose du monde dont nous nous occupons le moins ; l'honneur, m'objecterez-vous ; mais les préjugés des hommes me l'avaient enlevé d'avance ; j'étais ruiné, je ne devais plus avoir d'honneur. On m'eût enfermé, j'eusse passé pour un scélérat, ne vaut-il pas mieux l'être effectivement en jouissant de tous les droits des hommes... en étant libre enfin, que d'en être soupçonné dans les fers ? Ne vous étonnez pas que l'homme devienne criminel quand on le dégradera, quoique innocent ; ne vous étonnez pas qu'il préfère le crime à des chaînes, dès que dans l'une ou l'autre situation il est attendu par l'opprobre. Législateurs, rendez vos flétrissures moins fréquentes, si vous voulez diminuer la masse des crimes, une nation qui sut faire un dieu de l'honneur peut culbuter ses échafauds, quand il lui reste pour mener les hommes le frein sacré d'une aussi belle chimère...

— Mais, monsieur, interrompit ici Mlle de Faxelange, vous aviez pourtant à Paris toute l'apparence d'un honnête homme ?

— Il le fallait bien pour vous obtenir ; j'ai réussi, le masque tombe. »

De tels discours et de semblables actions faisaient horreur à cette malheureuse femme, mais décidée à ne point s'écarter des résolutions qu'elle avait prises, elle ne contraria point son mari, elle eut même l'air de l'approuver ; et celui-ci, la voyant plus tranquille, lui proposa de venir visiter l'habitation ; elle y consentit, elle parcourut la bourgade ; il n'y avait guère pour lors qu'une quarantaine d'hommes, le reste était en course, et c'était ce fond-là qui fournissait au poste défendant le défilé.

Mme de Franlo fut reçue partout avec les plus grandes marques de respect et de distinction ; elle vit sept ou huit femmes assez jeunes et jolies, mais dont l'air et le ton ne lui annonçaient que trop la distance énorme de ces créatures à elle ; cependant elle leur rendit l'accueil qu'elle en recevait, et cette tournée faite, on servit ; le chef se mit à table avec sa femme, qui ne put pourtant pas se contraindre au point de prendre part à ce dîner ; elle s'excusa sur la fatigue de la route et on ne la pressa point. Après le repas, Franlo dit à sa femme qu'il était temps d'achever de l'instruire, parce qu'il serait peut-être obligé d'aller le lendemain en course.

« Je n'ai pas besoin de vous prévenir, madame, dit-il à son épouse, qu'il vous devient impossible ici d'écrire à qui que ce puisse être. Premièrement, les moyens vous en seront sévèrement interdits, vous ne verrez jamais ni plume ni papier ; parvinssiez-vous même à tromper ma vigilance, aucun de mes gens ne se chargerait assurément de vos lettres, et l'essai pourrait vous coûter cher. Je vous aime beaucoup sans doute, madame, mais les sentiments des gens de notre métier sont toujours subordonnés au devoir ; et voilà peut-être ce que notre état a de supérieur aux autres ; il n'en est point dans le monde que l'amour ne fasse oublier ; c'est tout le contraire avec nous, il n'est aucune femme sur la terre qui puisse nous faire négliger notre état, parce que notre vie dépend de la manière sûre dont nous l'exerçons. Vous êtes ma seconde femme, madame.

— Quoi, monsieur ?

— Oui, madame, vous êtes ma seconde épouse ; celle qui vous précéda voulut écrire, et les caractères qu'elle traçait furent effacés de son sang, elle expira sur la lettre même… »

Qu'on juge de la situation de cette malheureuse à ces récits affreux, à ces menaces terribles ; mais elle se contint encore et protesta à son mari qu'elle n'avait aucun désir d'enfreindre ses ordres.

« Ce n'est pas tout, madame, continua ce monstre, quand je ne serai pas ici, vous seule y commanderez en mon absence ; quelque bonne foi qu'il y ait entre nous, vous imaginez bien pourtant que dès qu'il s'agira de nos intérêts, je me fierai plutôt à vous qu'à mes camarades. Or, quand je vous enverrai des prisonniers, il faudra les faire dépouiller vous-même et les faire égorger devant vous.

— Moi, monsieur, s'écria Mlle de Faxelange, en reculant d'horreur, moi plonger mes mains dans le sang innocent ; ah ! faites plutôt couler le mien mille fois que de m'obliger à une telle horreur !

— Je pardonne ce premier mouvement à votre faiblesse, madame, répondit Franlo, mais il n'est pourtant pas possible que je puisse vous éviter ce soin ; aimez-vous mieux nous perdre tous que de ne le pas prendre ?

— Vos camarades peuvent le remplir.

— Ils le rempliront aussi, madame ; mais vous seule recevant mes lettres, il faut bien que ce soit d'après vos ordres émanés des miens qu'on enferme ou qu'on fasse périr les prisonniers : mes gens exécuteront sans doute, mais il faut que vous fassiez passer mes ordres.

— Oh ! monsieur, ne pourriez-vous donc pas me dispenser…

— Cela est impossible, madame.

— Mais je ne serai pas du moins obligée d'assister à ces infamies ?

— Non… cependant il faudra bien absolument que vous vous chargiez des dépouilles… que vous les enfermiez dans nos magasins ; je vous ferai grâce pour la première fois, si vous l'exigez absolument ; j'aurai soin d'envoyer dans cette première occasion un homme sûr, avec mes prisonniers ; mais cette attention ne pourra durer, il faudra tâcher de prendre sur vous ensuite. Tout n'est qu'habitude, madame, il n'est rien à quoi l'on ne se fasse ; les dames romaines n'aimaient-elles pas à voir tomber les gladiateurs à leurs pieds, ne portaient-elles pas la férocité jusqu'à vouloir qu'ils n'y mourussent que dans d'élégantes attitudes ? Pour vous accoutumer à votre devoir, madame, poursuivit Franlo, j'ai là-bas six hommes qui n'attendent que l'instant de la mort, je m'en vais les faire assommer ; ce spectacle vous familiarisera avec ces horreurs, et avant quinze jours la partie du devoir que je vous impose ne vous coûtera plus. »

Il n'y eut rien que Mlle de Faxelange ne fît pour s'éviter cette scène affreuse ; elle conjura son mari de ne pas la lui donner. Mais Franlo y voyait, disait-il, trop de nécessité ; il lui paraissait trop important d'apprivoiser les yeux de sa femme à ce qui allait composer une partie de ses fonctions pour n'y pas travailler tout de suite. Les six malheureux furent amenés, et impitoyablement égorgés de la main même de Franlo sous les yeux de sa malheureuse épouse, qui s'évanouit pendant l'exécution. On la rapporta dans son lit, où rappelant bientôt son courage au secours de sa sûreté, elle finit par comprendre qu'au fait, n'étant que l'organe des ordres de son mari, sa conscience ne devenait plus chargée du crime, et qu'avec cette facilité de voir beaucoup d'étrangers, quelque enchaînés qu'ils fussent, peut-être lui resterait-il des moyens de les sauver et de s'échapper avec eux ; elle promit donc le lendemain à son barbare époux qu'il aurait lieu d'être content de sa conduite, et celui-ci ayant enfin passé la nuit suivante avec elle, ce qu'il n'avait pas fait depuis Paris à cause de l'état où elle était, il la laissa le lendemain pour aller en course, en lui protestant que si elle se comportait bien, il quitterait le métier plus tôt qu'il ne l'avait dit, pour lui faire passer au moins les trente dernières années de sa vie dans le bonheur et dans le repos.

Mlle de Faxelange ne se vit pas plus tôt seule au milieu de tous ces voleurs que l'inquiétude la reprit.

« Hélas ! se disait-elle, si j'allais malheureusement inspirer quelques sentiments à ces scélérats, qui les empêcherait de se satisfaire ? S'ils voulaient piller la maison de leur chef, me tuer et fuir, n'en sont-ils pas les maîtres ?... Ah ! plût au Ciel, continuait-elle, en versant un torrent de larmes, ce qui peut m'arriver de plus heureux, n'est-il pas qu'on m'arrache au plus tôt une vie qui ne doit plus être souillée que d'horreurs ? »

Peu à peu, néanmoins, l'espoir renaissant dans cette âme jeune et devenue forte par l'excès du malheur, Mme de Franlo résolut de montrer beaucoup de courage ; elle crut que ce parti devait être nécessairement le meilleur ; elle s'y résigna. En conséquence, elle fut visiter les postes, elle retourna seule dans toutes les huttes, elle essaya de donner quelques ordres, et trouva partout du respect et de l'obéissance. Les femmes vinrent la voir et elle les reçut honnêtement ; elle écouta avec intérêt l'histoire de quelques-unes, séduites et enlevées comme elle, d'abord honnêtes, sans doute, puis dégradées par la solitude et le crime, et devenues des monstres comme les hommes qu'elles avaient épousés.

« Ô Ciel ! se disait quelquefois cette infortunée, comment peut-on s'abrutir à ce point ; serait-il donc possible que je devinsse un jour comme ces malheureuses !... »

Puis elle s'enfermait, elle pleurait, elle réfléchissait à son triste sort, elle ne se pardonnait pas de s'être elle-même précipitée dans l'abîme par trop de confiance et d'aveuglement ; tout cela la ramenait à son cher Goé, et des larmes de sang coulaient de ses yeux.

Huit jours se passèrent ainsi, lorsqu'elle reçut une lettre de son époux, avec un détachement de douze hommes, amenant quatre prisonniers ; elle frémit en ouvrant cette lettre, et se doutant de ce qu'elle contenait, elle fut au point de balancer un instant entre l'idée de se donner la mort elle-même, plutôt que de faire périr ces malheureux. C'étaient quatre jeunes gens sur le front desquels on distinguait de l'éducation et des qualités.

« *Vous ferez mettre le plus âgé des quatre au cachot,* lui mandait son mari ; *c'est un coquin qui s'est défendu et qui m'a tué deux hommes ; mais il faut lui laisser la vie, j'ai des éclaircissements à tirer de lui. Vous ferez sur-le-champ assommer les trois autres. »*

« Vous voyez les ordres de mon mari, dit-elle au chef du détachement, qu'elle savait être l'homme sûr dont Franlo lui avait parlé, faites donc ce qu'il vous ordonne… »

Et en prononçant ces mots d'une voix basse, elle courut cacher dans sa chambre et son désespoir et ses larmes ; mais elle entendit malheureusement le cri des victimes immolées au pied de sa maison ; sa sensibilité n'y tint pas, elle s'évanouit ; revenue à elle, le parti qu'elle s'était résolue de prendre ranima ses forces ; elle vit qu'elle ne devait rien attendre que de sa fermeté, et elle se remontra ; elle fit placer les effets volés dans les magasins, elle parut au village, elle visita les postes, en un mot, elle prit tellement sur elle que le lieutenant de Franlo, qui partait le lendemain pour aller retrouver son chef, rendit à cet époux les comptes les plus avantageux de sa femme… Qu'on ne la blâme point ; quel parti lui restait-il entre la mort et cette conduite ?… et l'on ne se tue point tant qu'on a de l'espoir.

Franlo fut dehors plus longtemps qu'il ne l'avait cru, il ne revint qu'au bout d'un mois, pendant lequel il envoya deux fois des prisonniers à sa femme, qui se conduisit toujours de même. Enfin le chef reparut ; il rapportait des sommes immenses de cette expédition, qu'il légitimait par mille sophismes, réfutés par son honnête épouse.

« Madame, lui dit-il enfin, mes arguments sont ceux d'Alexandre, de Gengis Khan et de tous les fameux conquérants de la terre ; leur logique était la mienne ; mais ils avaient 300 000 hommes à leurs ordres, je n'en ai que 400, voilà mon tort.

— Tout cela est bon, monsieur, dit Mme de Franlo, qui crut devoir préférer ici le sentiment à la raison ; mais s'il est vrai que vous m'aimiez comme vous avez daigné me le dire souvent, ne seriez-vous pas désolé de me voir périr sur un échafaud près de vous ?

— N'appréhendez jamais cette catastrophe, dit Franlo, notre retraite est introuvable, et dans mes courses je ne crains personne… mais si jamais nous étions découverts ici, souvenez-vous que j'aurais le temps de vous casser la tête avant qu'on ne mît la main sur vous. »

Le chef examina tout, et ne trouvant que des sujets de se louer de sa femme, il la combla d'éloges et d'amitié, il la recommanda plus que jamais à ses gens et repartit ; mêmes soins de sa misérable épouse, même conduite, mêmes événements tragiques pendant cette seconde absence, qui dura plus de deux mois, au bout desquels Franlo rentra au quartier, toujours plus enchanté de son épouse.

Il y avait environ cinq mois que cette pauvre créature vivait dans la contrainte et dans l'horreur, abreuvée de ses larmes et nourrie de son désespoir, lorsque le Ciel, qui n'abandonne jamais l'innocence, daigna enfin la délivrer de ses maux par l'événement le moins attendu.

On était au mois d'octobre, Franlo et sa femme dînaient ensemble sous une treille à la porte de leur maison, lorsque dans l'instant dix ou douze coups de fusil se font entendre au poste.

« Nous sommes trahis, dit le chef, en sortant aussitôt de table et s'armant avec rapidité… Voilà un pistolet, madame, restez là ; si vous ne pouvez pas tuer celui qui vous abordera, brûlez-vous la cervelle pour ne pas tomber dans ses mains. »

Il dit, et rassemblant à la hâte ce qui reste de ses gens dans le village, il vole lui-même à la défense du défilé. Il n'était plus temps, 200 dragons à cheval venant d'en forcer le poste tombent dans la plaine, le sabre à la main ; Franlo fait feu avec sa troupe, mais n'ayant pu la mettre en ordre, il est repoussé dans la minute, et la plupart de ses gens sabrés et foulés aux pieds des chevaux ; on le saisit lui-même, on l'entoure, on le garde ; 20 dragons en répondent, et le reste du détachement, le chef à la tête, vole à Mme de Franlo. Dans quel état cruel on trouve cette malheureuse ! Les cheveux épars, les traits renversés par le désespoir et la crainte, elle était appuyée contre un arbre, le bout du pistolet sur son cœur, prête à s'arracher la vie plutôt que de tomber dans les mains de ceux qu'elle prenait pour des suppôts de la justice...

« Arrêtez, madame, arrêtez, lui crie l'officier qui commande, en descendant de cheval et se précipitant à ses pieds pour la désarmer par cette action, arrêtez, vous dis-je, *reconnaissez votre malheureux amant, c'est lui qui tombe à vos genoux, c'est lui que le Ciel favorise assez pour l'avoir chargé de votre délivrance, abandonnez cette arme, et permettez à Goé d'aller se jeter dans votre sein.* »

Mlle de Faxelange croit rêver ; peu à peu elle reconnaît celui qui lui parle et tombe sans mouvement dans les bras qui lui sont ouverts. Ce spectacle arrache des larmes de tout ce qui l'aperçoit.

« Ne perdons pas de temps, madame, dit Goé en rappelant sa belle cousine à la vie ; pressons-nous de sortir d'un local qui doit être horrible à vos yeux ; mais reprenons avant ce qui vous appartient. »

Il enfonce le cabinet des richesses de Franlo, il retire les 400 000 francs de la dot de sa cousine, 10 000 écus qu'il fait distribuer à ses dragons, met le scellé sur le reste, délivre les prisonniers retenus par ce scélérat, laisse 80 hommes en garnison dans le hameau, revient trouver sa cousine avec les autres, et l'engage à partir sur-le-champ.

Comme elle gagnait la route du défilé, elle aperçoit Franlo dans les fers :

« Monsieur, dit-elle à Goé, je vous demande à genoux la grâce de cet infortuné... je suis sa femme... que dis-je, je suis assez malheureuse pour porter dans mon sein des gages de son amour, et ses procédés n'ont jamais été qu'honnêtes envers moi.

— Madame, répondit Mr de Goé, je ne suis maître de rien dans cette aventure ; j'ai obtenu seulement la conduite des troupes, mais je me suis enchaîné moi-même en recevant mes ordres ; cet homme-ci ne m'appartient plus, je ne le sauverais qu'en risquant tout ; au sortir du défilé, le grand prévôt de la province m'attend ; il en viendra disposer ; je ne lui ferai pas faire un pas vers l'échafaud, c'est tout ce que je puis.

— Oh ! monsieur, laissez-le se sauver, s'écria cette intéressante femme, c'est votre malheureuse cousine en larmes qui vous le demande.

— Une injuste pitié vous aveugle, madame, reprit Goé ; ce malheureux ne se corrigera point, et pour sauver un homme, il en coûtera la vie à plus de cinquante.

— Il a raison, s'écria Franlo ; il a raison, madame ; il me connaît aussi bien que moi-même ; le crime est mon élément, je ne vivrais que pour m'y replonger ; ce n'est point la vie que je veux, ce n'est qu'une mort qui ne soit point ignominieuse ; que l'âme sensible qui s'intéresse à moi daigne m'obtenir pour seule grâce la permission de me faire brûler la cervelle par les dragons.

— Qui de vous veut s'en charger, enfants ? » dit Goé.

Mais personne ne bougea ; Goé commandait à des *Français*, il ne devait pas s'y trouver de *bourreaux*.

« Qu'on me donne donc un pistolet », dit ce scélérat.

Goé, très ému des supplications de sa cousine, s'approche de Franlo, et lui remet lui-même l'arme qu'il demande. Ô comble de perfidie ! l'époux de Mlle de Faxelange n'a pas plus tôt ce qu'il désire qu'il lâche le coup sur Goé… mais sans l'atteindre heureusement ; ce trait irrite les dragons, ceci devient une affaire de vengeance, ils n'écoutent plus que leur ressentiment, ils tombent sur Franlo et le massacrent en une minute. Goé enlève sa cousine, à peine voit-elle l'horreur de ce spectacle. On repasse le défilé au galop. Un cheval doux attend Mlle de Faxelange au-delà de la gorge. Mr de Goé rend promptement compte au prévôt de son opération ; la maréchaussée s'empare du poste ; les dragons se retirent ; et Mlle de Faxelange protégée par son libérateur est en six jours au sein de ses parents.

« Voilà votre fille, dit ce brave homme à Mr et Mme de Faxelange, et voilà l'argent qui vous a été pris. Écoutez-moi, mademoiselle, et vous allez voir pourquoi j'ai remis à cet instant les éclaircissements que je dois sur tout ce qui vous concerne. Vous ne fûtes pas plus tôt partie que les soupçons que je ne vous avais d'abord offerts que pour vous retenir vinrent me tourmenter avec force ; il n'est rien que je n'aie fait pour suivre la trace de votre ravisseur, et pour connaître à fond sa personne, j'ai été assez heureux pour réussir à tout et pour ne me tromper sur rien. Je n'ai prévenu vos parents que quand j'ai cru être sûr de vous ravoir ; on ne m'a pas refusé le commandement des troupes que j'ai sollicité pour rompre vos chaînes, et débarrasser en même temps la France du monstre qui vous trompait. J'en suis venu à bout ; je l'ai fait sans nul intérêt, mademoiselle ; vos fautes et vos malheurs élèvent d'éternelles barrières entre nous… ; vous me plaindrez au moins… vous me regretterez ; votre cœur sera contraint au sentiment que vous me refusiez, et je serai vengé… Adieu, mademoiselle, je me suis acquitté envers les liens du sang, envers ceux de l'amour ; il ne me reste plus qu'à me séparer de vous éternellement. Oui, mademoiselle, je pars, la guerre qui se fait en Allemagne m'offre ou la gloire, ou le trépas ; je n'aurais désiré que les lauriers, quand il m'eût été permis de vous les offrir, et maintenant je ne chercherai plus que la mort. »

À ces mots, Goé se retire ; quelques instances qu'on lui fasse, il s'échappe pour ne reparaître jamais. On apprit au bout de dix mois qu'attaquant un poste en désespéré, il s'était fait tuer en Hongrie au service des Turcs.

Pour Mlle de Faxelange, peu de temps après son retour à Paris, elle mit au monde le malheureux fruit de son hymen, que ses parents placèrent avec une forte pension dans une maison de charité ; ses couches faites, elle sollicita avec instance son père et sa mère pour prendre le voile aux Carmélites ; ses parents lui demandèrent en grâce de ne pas priver leur vieillesse de la consolation de l'avoir auprès d'eux ; elle céda, mais sa santé s'affaiblissant de jour en jour, usée par ses chagrins, flétrie de ses larmes et de sa douleur, anéantie par ses remords, elle mourut de consomption au bout de quatre ans, triste et malheureux exemple de l'avarice des pères et de l'ambition des filles.

Puisse le récit de cette histoire rendre les uns plus justes et les autres plus sages, nous ne regretterons pas alors la peine que nous aurons prise de transmettre à la postérité un événement, qui, tout affreux qu'il est, pourrait alors servir au bien des hommes.

FLORVILLE ET COURVAL OU LE FATALISME

Mr de Courval venait d'atteindre sa cinquante-cinquième année ; frais, bien portant, il pouvait parier encore pour vingt ans de vie ; n'ayant eu que des désagréments avec une première femme qui depuis longtemps l'avait abandonné, pour se livrer au libertinage, et devant supposer cette créature au tombeau, d'après les attestations les moins équivoques, il imagina de se lier une seconde fois avec une personne raisonnable qui, par la bonté de son caractère, par l'excellence de ses mœurs parvînt à lui faire oublier ses premières disgrâces.

Malheureux dans ses enfants comme dans son épouse, Mr de Courval qui n'en avait eu que deux, une fille qu'il avait perdue très jeune, et un garçon qui dès l'âge de 15 ans l'avait abandonné comme sa femme, et malheureusement dans les mêmes principes de débauches, ne croyant pas qu'aucun procédé dût jamais l'enchaîner à ce monstre, Mr de Courval, dis-je, projetait en conséquence de le déshériter, et de donner son bien aux enfants qu'il espérait d'obtenir de la nouvelle épouse qu'il avait envie de prendre ; il possédait quinze mille livres de rente ; employé jadis dans les affaires, c'était le fruit de ses travaux, et il le mangeait en honnête homme avec quelques amis qui le chérissaient, l'estimaient tous, et le voyaient tantôt à Paris où il occupait un joli appartement rue Saint-Marc, et plus souvent encore dans une petite terre charmante, auprès de

Nemours où Mr de Courval passait les deux tiers de l'année.

Cet honnête homme confia son projet à ses amis, et le voyant approuvé d'eux, il les pria très instamment de s'informer parmi leurs connaissances d'une personne de 30 à 35 ans, veuve ou fille, et qui pût remplir son objet.

Dès le surlendemain un de ses anciens confrères vint lui dire qu'il imaginait avoir trouvé positivement ce qui lui convenait. « La demoiselle que je vous offre, lui dit cet ami, a deux choses contre elle, je dois commencer par vous les dire afin de vous consoler après, en vous faisant le récit de ses bonnes qualités ; on est bien sûr qu'elle n'a ni père ni mère, mais on ignore absolument qui ils furent, et où elle les a perdus ; ce que l'on sait, continua le médiateur, c'est qu'elle est cousine de Mr de Saint-Prât, homme connu, qui l'avoue, qui l'estime et qui vous en fera l'éloge le moins suspect, et le mieux mérité. Elle n'a aucun bien de ses parents, mais elle a quatre mille francs de pension de ce Mr de Saint-Prât, dans la maison duquel elle a été élevée, et où elle a passé toute sa jeunesse : voilà un premier tort ; passons au second, dit l'ami de Mr de Courval : une intrigue à 16 ans, un enfant qui n'existe plus et dont jamais elle n'a revu le père : voilà tout le mal ; un mot du bien maintenant.

« Mlle de Florville a 36 ans, à peine en paraît-elle 28 ; il est difficile d'avoir une physionomie plus agréable et plus intéressante : ses traits sont doux et délicats, sa peau est de la blancheur du lys, et ses cheveux châtains traînent à terre ; sa bouche fraîche, très agréablement ornée, est l'image de la rose au printemps. Elle est fort grande, mais si joliment faite, il y a tant de grâce dans ses mouvements qu'on ne trouve rien à dire à la hauteur de sa taille, qui sans cela peut-être lui donnerait un air un peu dur ; ses bras, son cou, ses jambes, tout est moulé ; et elle a une de ces sortes de beautés qui ne vieillira pas de longtemps. À l'égard de sa conduite, son extrême régularité pourra peut-être ne pas vous plaire ; elle n'aime pas le monde, elle vit fort retirée ; elle est très pieuse, très assidue aux devoirs du couvent qu'elle habite, et si elle édifie tout ce qui l'entoure par ses qualités religieuses, elle enchante tout ce qui la voit par les charmes de son esprit et par les agréments de son caractère… c'est en un mot un ange de ce monde, que le Ciel réservait à la félicité de votre vieillesse. »

Mr de Courval enchanté d'une telle rencontre, n'eut rien de plus pressé que de prier son ami de lui faire voir la personne dont il s'agissait.

« Sa naissance ne m'inquiète point, dit-il, dès que son sang est pur, que m'importe qui le lui a transmis ; son aventure à l'âge de 16 ans m'effraye tout aussi peu, elle a réparé cette faute par un grand nombre d'années de sagesse ; je l'épouserai sur le pied de veuve, me décidant à ne prendre une personne que de 30 à 35 ans, il était bien difficile de joindre à cette clause la folle prétention des prémices, ainsi rien ne me déplaît dans vos propositions, il ne me reste qu'à vous presser de m'en faire voir l'objet. »

L'ami de Mr de Courval le satisfit bientôt ; trois jours après il lui donna à dîner chez lui avec la demoiselle dont il s'agissait. Il était difficile de ne pas être séduit au premier abord de cette fille charmante ; c'étaient les traits de Minerve elle-même, déguisés sous ceux de l'amour. Comme elle savait de quoi il était question, elle fut encore plus réservée, et sa décence, sa retenue, la noblesse de son maintien, jointes à tant de charmes physiques, à un caractère aussi doux, à un esprit aussi juste et aussi orné, tournèrent si bien la tête au pauvre Courval qu'il supplia son ami de vouloir bien hâter la conclusion.

On se revit encore deux ou trois fois, tantôt dans la même maison, tantôt chez Mr de Courval, ou chez Mr de Saint-Prât, et enfin, Mlle de Florville instamment pressée, déclara à Mr de Courval que rien ne la flattait autant que l'honneur qu'il voulait bien lui faire, mais que sa délicatesse ne lui permettait pas de rien accepter avant qu'il ne fût instruit par elle-même des aventures de sa vie.

« On ne vous a pas tout appris, monsieur, dit cette charmante fille, et je ne puis consentir d'être à vous, sans que vous en sachiez davantage. Votre estime m'est trop importante pour me mettre dans le cas de la perdre, et je ne la mériterais assurément pas si, profitant de votre illusion, j'allais consentir à devenir votre femme, sans que vous jugiez si je suis digne de l'être. »

Mr de Courval assura qu'il savait tout, que ce n'était qu'à lui qu'il appartenait de former les inquiétudes qu'elle témoignait, et que s'il était assez heureux pour lui plaire, elle ne devait plus s'embarrasser de rien. Mlle de Florville tint bon ; elle déclara positivement qu'elle ne consentirait à rien que Mr de Courval ne fût instruit à fond de ce qui la regardait ; il en fallut donc passer par là ; tout ce que Mr de Courval put obtenir, ce fut que Mlle de Florville viendrait à sa terre auprès de Nemours, que tout se disposerait pour la célébration de l'hymen qu'il désirait, et que l'histoire de Mlle de Florville entendue, elle deviendrait sa femme le lendemain...

« Mais, monsieur, dit cette aimable fille, si tous ces préparatifs peuvent être inutiles, pourquoi les faire ?... Si je vous persuade que je ne suis pas née pour vous appartenir ?...

— Voilà ce que vous ne me prouverez jamais, mademoiselle, répondit l'honnête Courval, voilà ce dont je vous défie de me convaincre ; ainsi partons, je vous en conjure, et ne vous opposez point à mes desseins. »

Il n'y eut pas moyen de rien gagner sur ce dernier objet, tout fut disposé, on partit pour Courval ; cependant on y fut seul, Mlle de Florville l'avait exigé ; les choses qu'elle avait à dire ne devaient être révélées qu'à l'homme qui voulait bien se lier à elle, ainsi personne ne fut admis ; et le lendemain de son arrivée, cette belle et intéressante personne ayant prié Mr de Courval de l'entendre, elle lui raconta les événements de sa vie dans les termes suivants :

Histoire de Mlle de Florville

« Les intentions que vous avez sur moi, monsieur, ne permettent plus que l'on vous en impose ; vous avez vu Mr de Saint-Prât, auquel on vous a dit que j'appartenais, lui-même a daigné vous le certifier, et cependant sur cet objet vous avez été trompé de toutes parts. Ma naissance m'est inconnue, je n'ai jamais eu la satisfaction de savoir à qui je la devais ; je fus trouvée, peu de jours après avoir reçu la vie, dans une barcelonnette de taffetas vert, à la porte de l'hôtel de Mr de Saint-Prât, avec une lettre anonyme attachée au pavillon de mon berceau, où était simplement écrit :

" Vous n'avez point d'enfants depuis dix ans que vous êtes marié, vous en désirez tous les jours, adoptez celle-là, son sang est pur, elle est le fruit du plus chaste hymen et non du libertinage, sa naissance est honnête. Si la petite fille ne vous plaît pas, vous la ferez porter aux Enfants-Trouvés. Ne faites point de perquisitions, aucune ne vous réussirait, il est impossible de vous en apprendre davantage."

Les honnêtes personnes chez lesquelles j'avais été déposée m'accueillirent aussitôt, m'élevèrent, prirent de moi tous les soins possibles, et je puis dire que je leur dois tout. Comme rien n'indiquait mon nom, il plut à Mme de Saint-Prât de me donner celui de *Florville*.

Je venais d'atteindre ma quinzième année, quand j'eus le malheur de voir mourir ma protectrice ; rien ne peut exprimer la douleur que je ressentis de cette perte ; je lui étais devenue si chère, qu'elle conjura son mari, en expirant, de m'assurer quatre mille livres de pension et de ne me jamais abandonner ; les deux clauses furent exécutées ponctuellement, et Mr de Saint-Prât joignit à ces bontés celle de me reconnaître pour une cousine de sa femme et de me passer, sous ce titre, le contrat que vous avez vu. Je ne pouvais cependant plus rester dans cette maison ; Mr de Saint-Prât me le fit sentir.

"Je suis veuf, et jeune encore, me dit cet homme vertueux ; habiter sous le même toit serait faire naître des doutes que nous ne méritons point ; votre bonheur et votre réputation me sont chers, je ne veux compromettre ni l'un ni l'autre. Il faut nous séparer, Florville ; mais je ne vous abandonnerai de ma vie, je ne veux pas même que vous sortiez de ma famille ; j'ai une sœur veuve à Nancy, je vais vous y adresser, je vous réponds de son amitié comme de la mienne, et là, pour ainsi dire, toujours sous mes yeux, je pourrai continuer de veiller encore à tout ce qu'exigeront votre éducation et votre établissement."

Je n'appris point cette nouvelle sans verser des larmes ; ce nouveau surcroît de chagrin renouvela bien amèrement celui que je venais de ressentir à la mort de ma bienfaitrice ; convaincue néanmoins des excellentes raisons de Mr de Saint-Prât, je me décidai à suivre ses conseils, et je partis pour la Lorraine, sous la conduite d'une dame de ce pays, à laquelle je fus recommandée, et qui me remit entre les mains de Mme de Verquin, sœur de Mr de Saint-Prât avec laquelle je devais habiter.

La maison de Mme de Verquin était sur un ton bien différent que celle de Mr de Saint-Prât ; si j'avais vu régner dans celle-ci la décence, la religion et les mœurs, la frivolité, le goût des plaisirs et l'indépendance étaient dans l'autre comme dans un asile.

Mme de Verquin m'avertit dès les premiers jours que mon petit air prude lui déplaisait, qu'il était inouï d'arriver de Paris avec un maintien si gauche…, un fond de sagesse aussi ridicule, et que si j'avais envie d'être bien avec elle, il fallait adopter un autre ton. Ce début m'alarma ; je ne chercherai point à paraître à vos yeux meilleure que je ne suis, monsieur, mais tout ce qui s'écarte des mœurs et de la religion m'a toute la vie déplu si souverainement, j'ai toujours été si ennemie de ce qui choquait la vertu, et les travers où j'ai été emportée malgré moi m'ont causé tant de remords que ce n'est pas, je vous l'avoue, me rendre un service que de me replacer dans le monde, je ne suis point faite pour l'habiter, je m'y trouve sauvage et farouche ; la retraite la plus obscure est ce qui convient le mieux à l'état de mon âme et aux dispositions de mon esprit.

Ces réflexions mal faites encore, pas assez mûres à l'âge que j'avais, ne me préservèrent ni des mauvais conseils de Mme de Verquin, ni des maux où ses séductions devaient me plonger ; le monde perpétuel que je voyais, les plaisirs bruyants dont j'étais entourée, l'exemple, les discours, tout m'entraîna ; on m'assura que j'étais jolie, et j'osai le croire pour mon malheur.

Le régiment de Normandie était pour lors en garnison dans cette capitale ; la maison de Mme de Verquin était le rendez-vous des officiers ; toutes les jeunes femmes s'y trouvaient aussi, et là se nouaient, se rompaient et se recomposaient toutes les intrigues de la ville.

Il est vraisemblable que Mr de Saint-Prât ignorait une partie de la conduite de cette femme ; comment, avec l'austérité de ses mœurs, eût-il pu consentir à m'envoyer chez elle, s'il l'eût bien connue ? Cette considération me retint, et m'empêcha de me plaindre à lui ; faut-il tout dire ? peut-être même ne m'en souciai-je pas ; l'air impur que je respirais commençait à souiller mon cœur, et comme Télémaque dans l'île de Calypso, peut-être n'eussé-je plus écouté les avis de Mentor.

L'impudente Verquin qui depuis longtemps cherchait à me séduire, me demanda un jour s'il était certain que j'eusse apporté un cœur bien pur, en Lorraine, et si je ne regrettais pas quelque amant à Paris ?

"Hélas ! madame, lui dis-je, je n'ai même jamais conçu l'idée des torts dont vous me soupçonnez, et monsieur votre frère peut vous répondre de ma conduite…

— Des torts, interrompit Mme de Verquin, si vous en avez un, c'est d'être encore trop neuve à votre âge, vous vous en corrigerez, je l'espère.

— Oh ! madame ! est-ce là le langage que je devais entendre d'une personne aussi respectable ?

— Respectable ?… ah ! pas un mot, je vous assure ma chère que le respect est de tous les sentiments celui que je me soucie le moins de faire naître, c'est l'amour que je veux inspirer… mais du respect, ce sentiment n'est pas encore de mon âge. Imite-moi, ma chère, et tu seras heureuse… À propos, as-tu remarqué Senneval ? ajouta cette sirène, en me parlant d'un officier de 17 ans qui venait très souvent chez elle.

— Pas autrement, madame, répondis-je, je puis vous assurer que je les vois tous avec la même indifférence.

— Mais voilà ce qu'il ne faut pas, ma petite amie, je veux que nous partagions dorénavant nos conquêtes…, il faut que tu aies Senneval, c'est mon ouvrage, j'ai pris la peine de le former, il t'aime, il faut *l'avoir*…

— Oh ! madame, si vous vouliez m'en dispenser, en vérité je ne me soucie de personne.

— Il le faut, ce sont des arrangements pris avec son colonel, mon amant *du jour*, comme tu vois.

— Je vous conjure de me laisser libre sur cet objet, aucun de mes penchants ne me porte aux plaisirs que vous chérissez.

— Oh ! cela changera, tu les aimeras un jour comme moi, il est tout simple de ne pas chérir ce qu'on ne connaît pas encore ; mais il n'est pas permis de ne vouloir pas connaître ce qui est fait pour être adoré. En un mot, c'est un dessein formé ; Senneval, mademoiselle, vous déclarera sa passion ce soir, et vous voudrez bien ne le pas faire languir, ou je me fâcherai contre vous… mais sérieusement."

À cinq heures, l'assemblée se forma ; comme il faisait fort chaud, des parties s'arrangèrent dans les bosquets, et tout fut si bien concerté que Mr de Senneval et moi, nous trouvant les seuls qui ne jouassent point, nous fûmes forcés de nous entretenir.

Il est inutile de vous le déguiser, monsieur, ce jeune homme aimable et rempli d'esprit ne m'eut pas plus tôt fait l'aveu de sa flamme que je me sentis entraînée vers lui par un mouvement indomptable, et quand je voulus ensuite me rendre compte de cette sympathie, je n'y trouvai rien que d'obscur, il me semblait que ce penchant n'était point l'effet d'un sentiment ordinaire, un voile déguisait à mes yeux ce qui le caractérisait ; d'une autre part, au même instant où mon cœur volait à lui, une force invincible semblait le retenir, et dans ce tumulte… dans ce flux et reflux d'idées incompréhensibles, je ne pouvais démêler si je faisais bien d'aimer Senneval, ou si je devais le fuir à jamais.

On lui donna tout le temps de m'avouer son amour… hélas ! on ne lui donna que trop. J'eus tout celui de paraître sensible à ses yeux, il profita de mon trouble, il exigea un aveu de mes sentiments, je fus assez faible pour lui dire qu'il était loin de me déplaire, et trois jours après, assez coupable pour le laisser jouir de sa victoire.

C'est une chose vraiment singulière que la joie maligne du vice dans ces triomphes sur la vertu ; rien n'égala les transports de Mme de Verquin dès qu'elle me sut dans le piège qu'elle m'avait préparé, elle me railla, elle se divertit, et finit par m'assurer que ce que j'avais fait était la chose du monde la plus simple, la plus raisonnable, et que je pouvais sans crainte recevoir mon amant toutes les nuits chez elle…, qu'elle n'en verrait rien ; que trop occupée de son côté pour prendre garde à ces misères, elle n'en admirait pas moins ma vertu, puisqu'il était vraisemblable que je m'en tiendrais à celui-là seul, tandis qu'obligée de faire tête à trois, elle se trouverait assurément bien loin de ma réserve et de ma modestie ; quand je voulus prendre la liberté de lui dire que ce dérèglement était odieux, qu'il ne supposait ni délicatesse ni sentiment, et qu'il ravalait notre sexe à la plus vile espèce des animaux, Mme de Verquin éclata de rire.

"*Héroïne gauloise*, me dit-elle, je t'admire et ne te blâme point ; je sais très bien qu'à ton âge la délicatesse et le sentiment sont des dieux auxquels on immole le plaisir ; ce n'est pas la même chose au mien : parfaitement détrompée sur ces fantômes, on leur accorde un peu moins d'empire ; des voluptés plus réelles se préfèrent aux sottises qui t'enthousiasment ; et pourquoi donc de la fidélité avec des gens qui jamais n'en ont eu avec nous ? N'est-ce pas assez d'être les plus faibles sans devenir encore les plus dupes ? Elle est bien folle la femme qui met de la délicatesse dans de telles actions… Crois-moi, ma chère, varie tes plaisirs pendant que ton âge et tes charmes te le permettent, et laisse là ta chimérique constance, vertu triste et farouche, bien peu satisfaisante à soi-même, et qui n'en impose jamais aux autres."

Ces propos me faisaient frémir, mais je vis bien que je n'avais plus le droit de les combattre ; les soins criminels de cette femme immorale me devenaient nécessaires, et je devais la ménager ; fatal inconvénient du vice, puisqu'il nous met, dès que nous nous y livrons, sous les liens de ceux que nous eussions méprisés sans cela. J'acceptai donc toutes les complaisances de Mme de Verquin ; chaque nuit Senneval me donnait des nouvelles preuves de son amour, et six mois se passèrent ainsi dans une telle ivresse qu'à peine eus-je le temps de réfléchir.

De funestes suites m'ouvrirent bientôt les yeux ; je devins enceinte et pensai mourir de désespoir en me voyant dans un état dont Mme de Verquin se divertit.

"Cependant, me dit-elle, il faut sauver les apparences, et comme il n'est pas trop décent que tu accouches dans ma maison, le colonel de Senneval et moi nous avons pris des arrangements ; il va donner un congé au jeune homme, tu partiras quelques jours avant lui pour Metz, il t'y suivra de près, et là, secourue par lui, tu donneras la vie à ce fruit illicite de ta tendresse ; ensuite vous reviendrez ici l'un après l'autre comme vous en serez partis."

Il fallut obéir, je vous l'ai dit, monsieur, on se met à la merci de tous les hommes et au hasard de toutes les situations, quand on a eu le malheur de faire une faute ; on laisse sur sa personne des droits à tout l'univers, on devient l'esclave de tout ce qui respire, dès qu'on s'est oublié au point de le devenir de ses passions.

Tout s'arrangea comme l'avait dit Mme de Verquin ; le troisième jour nous nous trouvâmes réunis Senneval et moi, à Metz, chez une sage-femme, dont j'avais pris l'adresse en sortant de Nancy, et j'y mis au monde un garçon ; Senneval, qui n'avait cessé de montrer les sentiments les plus tendres et les plus délicats, sembla m'aimer encore davantage dès que j'eus, disait-il, doublé son existence ; il eut pour moi tous les égards possibles, me supplia de lui laisser son fils, me jura qu'il en aurait toute sa vie les plus grands soins, et ne songea à reparaître à Nancy que quand ce qu'il me devait fut rempli.

Ce fut à l'instant de son départ où j'osai lui faire sentir à quel point la faute qu'il m'avait fait commettre allait me rendre malheureuse, et où je lui proposai de la réparer en nous liant aux pieds des autels. Senneval, qui ne s'était pas attendu à cette proposition, se troubla…

"Hélas ! me dit-il, en suis-je le maître ? encore dans l'âge de la dépendance, ne me faudrait-il pas l'agrément de mon père ? que deviendrait notre hymen, s'il n'était revêtu de cette formalité ? et d'ailleurs, il s'en faut bien que je sois un parti sortable pour vous ; nièce de Mme de Verquin (on le croyait à Nancy), vous pouvez prétendre à beaucoup mieux ; croyez-moi, Florville, oublions nos égarements, et soyez sûre de ma discrétion."

Ce discours, que j'étais loin d'attendre, me fit cruellement sentir toute l'énormité de ma faute ; ma fierté m'empêcha de répondre, mais ma douleur n'en fut que plus amère ; si quelque chose avait dérobé l'horreur de ma conduite à mes propres regards, c'était, je vous l'avoue, l'espoir de la réparer en épousant un jour mon amant. Fille crédule ! je n'imaginais pas, malgré la perversité de Mme de Verquin qui sans doute eût dû m'éclairer, je ne croyais pas que l'on pût se faire un jeu de séduire une malheureuse fille et de l'abandonner après, et cet honneur, ce sentiment si respectable aux yeux des hommes, je ne supposais pas que son action fût sans énergie vis-à-vis de nous, et que notre faiblesse pût légitimer une insulte qu'ils ne hasarderaient entre eux qu'au prix de leur sang. Je me voyais donc à la fois la victime et la dupe de celui pour lequel j'aurais donné mille fois ma vie ; peu s'en fallut que cette affreuse révolution ne me conduisît au tombeau. Senneval ne me quitta point, ses soins furent les mêmes, mais il ne me reparla plus de ma proposition, et j'avais trop d'orgueil pour lui offrir une seconde fois le sujet de mon désespoir ; il disparut enfin dès qu'il me vit remise.

Décidée à ne plus retourner à Nancy, et sentant bien que c'était pour la dernière fois de ma vie que je voyais mon amant, toutes mes plaies se rouvrirent à l'instant du départ ; j'eus néanmoins la force de supporter ce dernier coup…, le cruel ! il partit, il s'arracha de mon sein inondé de mes larmes, sans que je lui en visse répandre une seule !

Et voilà donc ce qui résulte de ces serments d'amour auxquels nous avons la folie de croire ! Plus nous sommes sensibles, plus nos séducteurs nous délaissent…, les perfides !… ils s'éloignent de nous, en raison du plus de moyens que nous avons employés pour les retenir.

Senneval avait pris son enfant, il l'avait placé dans une campagne où il me fut impossible de le découvrir…, il avait voulu me priver de la douceur de chérir et d'élever moi-même ce tendre fruit de notre liaison ; on eût dit qu'il désirait que j'oubliasse tout ce qui pouvait encore nous enchaîner l'un à l'autre, et je le fis, ou plutôt je crus le faire.

Je me déterminai à quitter Metz dès l'instant et à ne point retourner à Nancy ; je ne voulais pourtant pas me brouiller avec Mme de Verquin ; il suffisait malgré ses torts qu'elle appartînt d'aussi près à mon bienfaiteur, pour que je la ménageasse toute ma vie ; je lui écrivis la lettre du monde la plus honnête, je prétextai, pour ne plus reparaître dans sa ville, la honte de l'action que j'y avais commise, et je lui demandai la permission de retourner à Paris auprès de son frère. Elle me répondit sur-le-champ que j'étais la maîtresse de faire tout ce que je voudrais, qu'elle me conserverait son amitié dans tous les temps ; elle ajoutait que Senneval n'était point encore de retour, qu'on ignorait sa retraite, et que j'étais une folle de m'affliger de toutes ces misères.

Cette lettre reçue, je revins à Paris, et courus me jeter aux genoux de Mr de Saint-Prât ; mon silence et mes larmes lui apprirent bientôt mon infortune ; mais j'eus l'attention de m'accuser seule, je ne lui parlai jamais des séductions de sa sœur. Mr de Saint-Prât, à l'exemple de tous les bons caractères, ne soupçonnait nullement les désordres de sa parente, il la croyait la plus honnête des femmes ; je lui laissai toute son illusion, et cette conduite que Mme de Verquin n'ignora point me conserva son amitié.

Mr de Saint-Prât me plaignit…, me fit vraiment sentir mes torts, et finit par les pardonner.

"Oh ! mon enfant, me dit-il avec cette douce componction d'une âme honnête, si différente de l'ivresse odieuse du crime, ô ! ma chère fille, tu vois ce qu'il en coûte pour quitter la vertu… son adoption est si nécessaire, elle est si intimement liée à notre existence qu'il n'y a plus qu'infortunes pour nous, sitôt que nous l'abandonnons ; compare la tranquillité de l'état d'innocence où tu étais en partant de chez moi au trouble affreux où tu y rentres. Les faibles plaisirs que tu as pu goûter dans ta chute te dédommagent-ils des tourments dont voilà ton cœur déchiré ? Le bonheur n'est donc que dans la vertu, mon enfant, et tous les sophismes de ses détracteurs ne procureront jamais une seule de ses jouissances. Ah ! Florville, ceux qui les nient ou qui les combattent, ces jouissances si douces, ne le font que par jalousie, sois-en sûre, que par le plaisir barbare de rendre les autres aussi coupables et aussi malheureux qu'ils le sont. Ils s'aveuglent et voudraient aveugler tout le monde, ils se trompent et voudraient que tout le monde se trompât ; mais si l'on pouvait lire au fond de leur âme, on n'y verrait que douleurs et que repentirs ; tous ces apôtres du crime ne sont que des méchants, que des désespérés ; on n'en trouverait pas un de sincère, pas un qui n'avouât, s'il pouvait être vrai, que ses discours empestés ou ses écrits dangereux n'ont eu que ses passions pour guide. Et quel homme en effet pourra dire de sang-froid que les bases de la morale peuvent être ébranlées sans risque ? quel être osera soutenir que de faire le bien, de désirer le bien, ne doit pas être nécessairement la véritable fin de l'homme ? et comment celui qui ne fera que le mal peut-il s'attendre à être heureux au milieu d'une société, dont le plus puissant intérêt est que le bien se multiplie sans cesse ? Mais ne frémira-t-il pas lui-même à tout instant cet apologiste du crime, quand il aura déraciné dans tous les cœurs la seule chose dont il doive attendre sa conservation ? Qui s'opposera à ce que ses valets le ruinent, s'ils ont cessé d'être vertueux ? qui empêchera sa femme de le déshonorer, s'il l'a persuadée que la vertu n'est utile à rien ? qui retiendra la main de ses enfants, s'il a osé flétrir les semences du bien dans leur cœur ? comment sa liberté, ses possessions seront-elles respectées, s'il a dit aux grands, *l'impunité vous accompagne, et la vertu n'est qu'une chimère ?* Quel que soit donc l'état de ce malheureux, qu'il soit époux ou père, riche ou pauvre, maître ou esclave, de toutes parts naîtront des dangers pour lui, de tous côtés s'élèveront des poignards sur son sein : s'il a osé détruire dans l'homme les seuls devoirs qui balancent sa perversité, n'en doutons point, l'infortuné périra tôt ou tard, victime de ses affreux systèmes[1].

"Laissons un instant la religion, si l'on veut, ne considérons que l'homme seul ; quel sera l'être assez imbécile pour croire qu'en enfreignant toutes les lois de la société, cette société qu'il outrage pourra le laisser en repos ? N'est-il pas de l'intérêt de l'homme, et des lois qu'il fait pour sa sûreté, de toujours tendre à détruire ou ce qui gêne, ou ce qui nuit ? Quelque crédit ou des richesses assureront peut-être au méchant une lueur éphémère de prospérité ; mais combien son règne sera court ! reconnu, démasqué, devenu bientôt l'objet de la haine et du mépris public, trouvera-t-il alors ou les apologistes de sa conduite ou ses partisans pour consolateurs ? aucun ne voudra l'avouer ; n'ayant plus rien à leur offrir, tous le rejetteront comme un fardeau ; le malheur l'environnant de toutes parts, il languira dans l'opprobre et dans l'infortune, et n'ayant même plus son cœur pour asile, il expirera bientôt

---

1. *Oh ! mon ami, ne cherche jamais à corrompre la personne que tu aimes, cela peut aller plus loin qu'on ne pense*, disait un jour une femme sensible à l'ami qui voulait la séduire. Femme adorable, laisse-moi citer tes propres paroles, elles peignent si bien l'âme de celle qui, peu après sauva la vie à ce même homme, que je voudrais graver ces mots touchants, au temple de Mémoire, où tes vertus t'assurent une place.

dans le désespoir. Quel est donc ce raisonnement absurde de nos adversaires ? quel est cet effort impuissant pour atténuer la vertu, d'oser dire que tout ce qui n'est pas universel est chimère, et que les vertus n'étant que locales, aucune d'elles ne saurait avoir de réalité ? Eh quoi ! il n'y a point de vertu, parce que chaque peuple a dû se faire les siennes ? parce que les différents climats, les différentes sortes de tempéraments ont nécessité différentes espèces de freins, parce qu'en un mot la vertu s'est multipliée sous mille formes, il n'y a point de vertu sur la terre ? Il vaudrait autant douter de la réalité d'un fleuve, parce qu'il se séparerait en mille branches diverses. Eh ! qui prouve mieux et l'existence de la vertu et sa nécessité, que le besoin que l'homme a de l'adapter à toutes ses différentes mœurs et d'en faire la base de toutes ? Qu'on me trouve un seul peuple qui vive sans vertu, un seul dont la bienfaisance et l'humanité ne soient pas les liens fondamentaux, je vais plus loin, qu'on me trouve même une association de scélérats qui ne soit cimentée par quelques principes de vertu, et j'abandonne sa cause ; mais si elle est au contraire démontrée utile partout, s'il n'est aucune nation, aucun état, aucune société, aucun individu qui puissent s'en passer, si l'homme, en un mot, ne peut vivre ni heureux ni en sûreté sans elle, aurais-je tort, ô, mon enfant, de t'exhorter à ne t'en écarter jamais ? Vois, Florville, continua mon bienfaiteur en me pressant dans ses bras, vois où t'ont fait tomber tes premiers égarements ; et si l'erreur te sollicite encore, si la séduction ou ta faiblesse te préparent de nouveaux pièges, songe aux malheurs de tes premiers écarts, songe à un homme qui t'aime comme sa propre fille... dont tes fautes déchireraient le cœur, et tu trouveras dans ces réflexions toute la force qu'exige le culte des vertus, où je veux te rendre à jamais."

Mr de Saint-Prât, toujours dans ces mêmes principes, ne m'offrit point sa maison ; mais il me proposa d'aller vivre avec une de ses parentes, femme aussi célèbre par la haute piété dans laquelle elle vivait, que Mme de Verquin l'était par ses travers. Cet arrangement me plut fort.

Mme de Lérince m'accepta le plus volontiers du monde, et je fus installée chez elle dès la même semaine de mon retour à Paris.

Oh ! monsieur, quelle différence de cette respectable femme à celle que je quittais ! Si le vice et la dépravation avaient chez l'une établi leur empire, on eût dit que le cœur de l'autre était l'asile de toutes les vertus. Autant la première m'avait effrayée de ses dépravations, autant je me trouvais consolée des édifiants principes de la seconde ; je n'avais trouvé que de l'amertume et des remords en écoutant Mme de Verquin, je ne rencontrais que des douceurs et des consolations en me livrant à Mme de Lérince… Ah ! monsieur, permettez-moi de vous la peindre, cette femme adorable que j'aimerai toujours ; c'est un hommage que mon cœur doit à ses vertus, il m'est impossible d'y résister.

Mme de Lérince, âgée d'environ 40 ans, était encore très fraîche, un air de candeur et de modestie embellissait bien plus ses traits que les divines proportions qu'y faisait régner la nature ; un peu trop de noblesse et de majesté la rendait, disait-on, imposante au premier aspect, mais ce qu'on eût pu prendre pour de la fierté s'adoucissait dès qu'elle ouvrait la bouche ; c'était une âme si belle et si pure, une aménité si parfaite, une franchise si entière qu'on sentait insensiblement malgré soi, joindre à la vénération qu'elle inspirait d'abord, tous les sentiments les plus tendres. Rien d'outré, rien de superstitieux dans la religion de Mme de Lérince ; c'était dans la plus extrême sensibilité que l'on trouvait en elle les principes de sa foi. L'idée de l'existence de Dieu, le culte dû à cet être suprême, telles étaient les jouissances les plus vives de cette âme aimante ; elle avouait hautement qu'elle serait la plus malheureuse des créatures si de perfides lumières contraignaient jamais son esprit à détruire en elle le respect et l'amour qu'elle avait pour son culte ; encore plus attachée, s'il est possible, à la morale sublime de cette religion qu'à ses pratiques ou à ses cérémonies, elle faisait de cette excellente morale la règle de toutes ses actions ;

jamais la calomnie n'avait souillé ses lèvres, elle ne se permettait même pas une plaisanterie qui pût affliger son prochain ; pleine de tendresse et de sensibilité pour ses semblables, trouvant les hommes intéressants, même dans leurs défauts, son unique occupation était ou de cacher ces défauts avec soin, ou de les en reprendre avec douceur ; étaient-ils malheureux, aucun charme n'égalait pour elle ceux de les soulager ; elle n'attendait pas que les indigents vinssent implorer son secours, elle les cherchait... elle les devinait, et l'on voyait la joie éclater sur ses traits quand elle avait consolé la veuve ou pourvu l'orphelin, quand elle avait répandu l'aisance dans une pauvre famille, ou lorsque ses mains avaient brisé les fers de l'infortune. Rien d'âpre, rien d'austère auprès de tout cela ; les plaisirs qu'on lui proposait étaient-ils chastes, elle s'y livrait avec délices, elle en imaginait même, dans la crainte qu'on ne s'ennuyât près d'elle. Sage..., éclairée avec le moraliste..., profonde avec le théologien, elle inspirait le romancier et souriait au poète, elle étonnait le législateur ou le politique, et dirigeait les jeux d'un enfant ; possédant toutes les sortes d'esprit, celui qui brillait le plus en elle se reconnaissait principalement au soin particulier... à l'attention charmante qu'elle avait ou à faire paraître celui des autres, ou à leur en trouver toujours. Vivant dans la retraite par goût, cultivant ses amis pour eux, Mme de Lérince en un mot, le modèle de l'un et l'autre sexe, faisait jouir tout ce qui l'entourait, de ce bonheur tranquille..., de cette volupté céleste, promise à l'honnête homme par le Dieu saint dont elle était l'image.

Je ne vous ennuierai point, monsieur, des détails monotones de ma vie, pendant les dix-sept ans que j'ai eu le bonheur de vivre avec cette créature adorable. Des conférences de morale et de piété, le plus d'actes de bienfaisance qu'il nous était possible, tels étaient les devoirs qui partageaient nos jours.

"Les hommes ne s'effarouchent de la religion, ma chère Florville, me disait Mme de Lérince, que parce que des guides maladroits ne leur en font sentir que les chaînes, sans leur en offrir les douceurs. Peut-il exister un homme assez absurde pour oser, en ouvrant les yeux sur l'univers, ne pas convenir que tant de merveilles ne peuvent être que l'ouvrage d'un Dieu tout-puissant. Cette première vérité sentie…, et faut-il autre chose que son cœur pour s'en convaincre ?… quel peut-il être donc cet individu cruel et barbare qui refuserait alors son hommage au Dieu bienfaisant qui l'a créé ? mais la diversité des cultes embarrasse, on croit trouver leur fausseté dans leur multitude ; quel sophisme ! et n'est-ce point dans cette unanimité des peuples à reconnaître et servir un dieu, n'est-ce donc point dans cet aveu tacite empreint au cœur de tous les hommes, où se trouve plus encore, s'il est possible, que dans les sublimités de la nature, la preuve irrévocable de l'existence de ce dieu suprême ? Quoi ! l'homme ne peut vivre sans adopter un dieu, il ne peut s'interroger sans en trouver des preuves dans lui-même, il ne peut ouvrir les yeux sans rencontrer partout des traces de ce dieu, et il ose encore en douter ! Non, Florville, non, il n'y a point d'athée de bonne foi ; l'orgueil, l'entêtement, les passions, voilà les armes destructives de ce dieu qui se revivifie sans cesse dans le cœur de l'homme ou dans sa raison ; et quand chaque battement de ce cœur, quand chaque trait lumineux de cette raison m'offrent cet être incontestable, je lui refuserais mon hommage, je lui déroberais le tribut que sa bonté permet à ma faiblesse, je ne m'humilierais pas devant sa grandeur, je ne lui demanderais pas la grâce, et d'endurer les misères de la vie, et de me faire un jour participer à sa gloire ! je n'ambitionnerais pas la faveur de passer l'éternité dans son sein, ou je risquerais cette même éternité dans un gouffre effrayant de supplices, pour m'être refusée aux preuves indubitables qu'a bien voulu me donner ce grand être, de la certitude de son existence ! Mon enfant, cette effroyable alternative permet-elle même un instant de réflexion ? Ô vous qui vous refusez opiniâtrement aux traits de flamme lancés par ce dieu même au fond de votre cœur, soyez au moins justes un instant, et par seule pitié pour vous-même, rendez-vous à cet argument invincible de

Pascal : *S'il n'y a point de Dieu, que vous importe d'y croire, quel mal vous fait cette adhésion ? et s'il y en a un, quels dangers ne courez-vous pas à lui refuser votre foi ?* Vous ne savez, dites-vous, incrédules, quel hommage offrir à ce dieu, la multitude des religions vous offusque ; eh bien, examinez-les toutes, j'y consens, et venez dire après de bonne foi à laquelle vous trouvez plus de grandeur et de majesté ; niez, s'il vous est possible, ô chrétiens, que celle dans laquelle vous avez eu le bonheur de naître ne vous paraisse pas celle de toutes, dont les caractères ne soient les plus saints et les plus sublimes ; cherchez ailleurs d'aussi grands mystères, des dogmes aussi purs, une morale aussi consolante ; trouvez dans une autre religion le sacrifice ineffable d'un dieu en faveur de sa créature ; voyez-y des promesses plus belles, un avenir plus flatteur, un dieu plus grand et plus sublime ! Non, tu ne le peux, philosophe du jour ; tu ne le peux, esclave de tes plaisirs, dont la foi change avec l'état physique de tes nerfs ; impie dans le feu des passions, crédule dès qu'elles sont calmées, tu ne le peux, te dis-je ; le sentiment l'avoue sans cesse, ce dieu que ton esprit combat, il existe toujours près de toi, même au milieu de tes erreurs ; brise ces fers qui t'attachent au crime, et jamais ce dieu saint et majestueux ne s'éloignera du temple érigé par lui dans ton cœur. C'est au fond de ce cœur, bien plus encore que dans sa raison, qu'il faut, ô ma chère Florville, trouver la nécessité de ce dieu que tout nous indique et nous prouve ; c'est de ce même cœur qu'il faut également recevoir la nécessité du culte que nous lui rendons, et c'est ce cœur seul qui te convaincra bientôt, chère amie, que le plus noble et le plus épuré de tous est celui dans lequel nous sommes nées. Pratiquons-le donc avec exactitude, avec joie, ce culte doux et consolateur, qu'il remplisse ici-bas nos moments les plus beaux, et qu'insensiblement conduites en le chérissant au dernier terme de notre vie, ce soit par une voie d'amour et de délices que nous allions déposer dans le sein de l'éternel cette âme émanée de lui, uniquement formée pour le connaître, et dont nous n'avons dû jouir, que pour le croire et pour l'adorer."

Voilà comme me parlait Mme de Lérince, voilà comme mon esprit se fortifiait de ses conseils, et comme mon âme se raréfiait sous son aile sacrée ; mais je vous l'ai dit, je passe sous silence tous les petits détails des événements de ma vie dans cette maison, pour ne vous arrêter qu'à l'essentiel ; ce sont mes fautes que je dois vous révéler, homme généreux et sensible, et quand le ciel a voulu me permettre de vivre en paix dans la route de la vertu, je n'ai qu'à la remercier et me taire.

Je n'avais pas cessé d'écrire à Mme de Verquin, je recevais régulièrement deux fois par mois de ses nouvelles, et quoique j'eusse dû sans doute renoncer à ce commerce, quoique la réforme de ma vie et de meilleurs principes me contraignissent en quelque façon à le rompre, ce que je devais à Mr de Saint-Prât, et plus que tout, faut-il l'avouer, un sentiment secret qui m'entraînait toujours invinciblement vers les lieux où tant d'objets chéris m'enchaînaient autrefois, l'espoir, peut-être, d'apprendre un jour des nouvelles de mon fils, tout enfin m'engagea à continuer un commerce que Mme de Verquin eut l'honnêteté de soutenir toujours régulièrement ; j'essayais de la convertir, je lui vantais les douceurs de la vie que je menais, mais elle les traitait de chimères, elle ne cessait de rire de mes résolutions, ou de les combattre, et toujours ferme dans les siennes, elle m'assurait que rien au monde ne serait capable de les affaiblir ; elle me parlait des nouvelles prosélytes qu'elle s'amusait à faire, elle mettait leur docilité bien au-dessus de la mienne ; leurs chutes multipliées étaient, disait cette femme perverse, de petits triomphes qu'elle ne remportait jamais sans délices, et le plaisir d'entraîner ces jeunes cœurs au mal la consolait de ne pouvoir faire tout celui que son imagination lui dictait. Je priais souvent Mme de Lérince de me prêter sa plume éloquente pour renverser mon adversaire, elle y consentait avec joie ; Mme de Verquin nous répondait et ses sophismes quelquefois très forts nous contraignaient à recourir aux arguments bien autrement victorieux d'une âme sensible, où Mme de Lérince prétendait, avec raison, que se trouvait inévitablement tout ce qui devait détruire le vice, et confondre l'incrédulité. Je demandais de temps en temps à Mme de Verquin des nouvelles de celui que j'aimais encore, mais ou elle ne put, ou elle ne voulut jamais m'en apprendre.

Il en est temps, monsieur ; venons à cette seconde catastrophe de ma vie, à cette anecdote sanglante qui brise mon cœur chaque fois qu'elle se présente à mon imagination, et qui vous apprenant le crime affreux dont je suis coupable, vous fera sans doute renoncer aux projets trop flatteurs que vous formiez sur moi.

La maison de Mme de Lérince, telle régulière que j'aie pu vous la peindre, s'ouvrait pourtant à quelques amis ; Mme de Dulfort, femme d'un certain âge, autrefois attachée à la princesse de Piémont, et qui venait nous voir très souvent, demanda un jour à Mme de Lérince la permission de lui présenter un jeune homme qui lui était expressément recommandé, et qu'elle serait bien aise d'introduire dans une maison où les exemples de vertu qu'il recevrait sans cesse ne pourraient que contribuer à lui former le cœur. Ma protectrice s'excusa sur ce qu'elle ne recevait jamais de jeunes gens, ensuite, vaincue par les pressantes sollicitations de son amie, elle consentit à voir le chevalier de Saint-Ange : il parut.

Soit pressentiment…, soit tout ce qu'il vous plaira, monsieur, il me prit, en apercevant ce jeune homme, un frémissement universel dont il me fut impossible de démêler la cause…, je fus prête à m'évanouir… Ne recherchant point le motif de cet effet bizarre, je l'attribuai à quelque malaise intérieur, et Saint-Ange cessa de me frapper. Mais si ce jeune homme m'avait dès la première vue agitée de cette sorte, pareil effet s'était manifesté dans lui…, je l'appris enfin par sa bouche. Saint-Ange était rempli d'une si grande vénération pour le logis dont on lui avait ouvert l'entrée qu'il n'osait s'oublier au point d'y laisser échapper le feu qui le consumait. Trois mois se passèrent donc avant qu'il n'osât m'en rien dire ; mais ses yeux m'exprimaient un langage si vif qu'il me devenait impossible de m'y méprendre. Bien décidée à ne point retomber encore dans un genre de faute auquel je devais le malheur de mes jours, très affermie par de meilleurs principes, je fus prête vingt fois à prévenir Mme de Lérince des sentiments que je croyais démêler dans ce jeune homme ; retenue ensuite par la crainte que je craignais de lui faire, je pris le parti du silence. Funeste résolution sans doute, puisqu'elle fut cause du malheur effrayant que je vais bientôt vous apprendre.

Nous étions dans l'usage de passer tous les ans six mois dans une assez jolie campagne que possédait Mme de Lérince à deux lieues de Paris ; Mr de Saint-Prât nous y venait voir souvent ; pour mon malheur la goutte le retint cette année, il lui fut impossible d'y paraître ; je dis pour mon malheur, monsieur, parce qu'ayant naturellement plus confiance en lui qu'en sa parente, je lui aurais avoué des choses que je ne pus jamais me résoudre à dire à d'autres, et dont les aveux eussent sans doute prévenu le funeste accident qui arriva.

Saint-Ange demanda permission à Mme de Lérince d'être du voyage, et comme Mme de Dulfort sollicitait également pour lui cette grâce, elle lui fut accordée.

Nous étions tous assez inquiets dans la société de savoir quel était ce jeune homme ; il ne paraissait rien ni de bien clair, ni de bien décidé sur son existence ; Mme de Dulfort nous le donnait pour le fils d'un gentilhomme de province, auquel elle appartenait ; lui, oubliant quelquefois ce qu'avait dit Mme de Dulfort, se faisait passer pour piémontais ; opinion que fondait assez la manière dont il parlait italien. Il ne servait point, il était pourtant en âge de faire quelque chose, et nous ne le voyions encore décidé à aucun parti. D'ailleurs une très jolie figure, fait à peindre, le maintien fort décent, le propos très honnête, tout l'air d'une excellente éducation, mais au travers de cela une vivacité prodigieuse, une sorte d'impétuosité dans le caractère qui nous effrayait quelquefois.

Dès que Mr de Saint-Ange fut à la campagne, ses sentiments n'ayant fait que croître par le frein qu'il avait cherché à leur imposer, il lui devint impossible de me les cacher ; je frémis... et devins pourtant assez maîtresse de moi-même pour ne lui montrer que de la pitié.

"En vérité, monsieur, lui dis-je, il faut que vous méconnaissiez ce que vous pouvez valoir, ou que vous ayez bien du temps à perdre, pour l'employer avec une femme qui a le double de votre âge, mais à supposer même que je fusse assez folle pour vous écouter, quelles prétentions ridicules oseriez-vous former sur moi ?

— Celles de me lier à vous par les nœuds les plus saints, mademoiselle ; que vous m'estimeriez peu, si vous pouviez m'en supposer d'autres !

— En vérité, monsieur, je ne donnerai point au public la scène bizarre de voir une fille de 34 ans épouser un enfant de 17.

— Ah ! cruelle, verriez-vous ces faibles disproportions, s'il existait au fond de votre cœur la millième partie du feu qui dévore le mien ?

— Il est certain, monsieur, que pour moi, je suis très calme..., je le suis depuis bien des années, et le serai, j'espère, aussi longtemps qu'il plaira à Dieu de me laisser languir sur la terre.

— Vous m'arrachez jusqu'à l'espoir de vous attendrir un jour.

— Je vais plus loin, j'ose vous défendre de m'entretenir plus longtemps de vos folies.

— Ah ! belle Florville, vous voulez donc le malheur de ma vie ?

— J'en veux le repos et la félicité.

— Tout cela ne peut exister qu'avec vous.

— Oui... tant que vous ne détruirez pas des sentiments ridicules que vous n'auriez jamais dû concevoir ; essayez de les vaincre, tâchez d'être maître de vous, votre tranquillité renaîtra.

— Je ne le puis.

— Vous ne le voulez point, il faut nous séparer pour y réussir ; soyez deux ans sans me voir, cette effervescence s'éteindra, vous m'oublierez, et vous serez heureux.

— Ah ! jamais, jamais, le bonheur ne sera pour moi qu'à vos pieds…"

Et comme la société nous rejoignait, notre première conversation resta là.

Trois jours après, Saint-Ange ayant trouvé le moyen de me rencontrer encore seule voulut reprendre le ton de l'avant-veille. Pour cette fois je lui imposai silence avec tant de rigueur que ses larmes coulèrent avec abondance ; il me quitta brusquement, me dit que je le mettais au désespoir, et qu'il s'arracherait bientôt la vie si je continuais à le traiter ainsi… Revenant ensuite comme un furieux sur ses pas…

"Mademoiselle, me dit-il, vous ne connaissez pas l'âme que vous outragez…, non, vous ne la connaissez pas…, sachez que je suis capable de me porter aux dernières extrémités…, à celles même que vous êtes peut-être bien loin de penser…, oui, je m'y porterai mille fois plutôt que de renoncer au bonheur d'être à vous."

Et il se retira dans une affreuse douleur.

Je ne fus jamais plus tentée qu'alors de parler à Mme de Lérince, mais je vous le répète, la crainte de nuire à ce jeune homme me retint, je me tus. Saint-Ange fut huit jours à me fuir, à peine me parlait-il, il m'évitait à table…, dans le salon…, aux promenades, et tout cela sans doute pour voir si ce changement de conduite produirait en moi quelque impression. Si j'eus partagé ses sentiments, le moyen était sûr, mais j'en étais si loin qu'à peine eus-je l'air de me douter de ses manœuvres.

Enfin il m'aborde au fond des jardins…

"Mademoiselle, me dit-il dans l'état du monde le plus violent…, j'ai enfin réussi à me calmer, vos conseils ont fait sur moi l'effet que vous en attendiez…, vous voyez comme me voilà redevenu tranquille… je n'ai cherché à vous trouver seule que pour vous faire mes derniers adieux…, oui, je vais vous fuir à jamais, mademoiselle…, je vais vous fuir…, vous ne verrez plus celui que vous haïssez…, oh ! non, non, vous ne le verrez plus.

— Ce projet me fait plaisir, monsieur, j'aime à vous croire enfin raisonnable ; mais, ajoutai-je en souriant, votre conversion ne me paraît pas encore bien réelle.

— Eh ! comment faut-il donc que je sois, mademoiselle, pour vous convaincre de mon indifférence ?

— Tout autrement que je ne vous vois.

— Mais au moins quand je serai parti…, quand vous n'aurez plus la douleur de me voir, peut-être croirez-vous à cette raison où vous faites tant d'efforts pour me ramener ?

— Il est vrai qu'il n'y a que cette démarche qui puisse me le persuader, et je ne cesserai de vous la conseiller sans cesse.

— Ah ! je suis donc pour vous un objet bien affreux ?

— Vous êtes, monsieur, un homme fort aimable, qui devez voler à des conquêtes d'un autre prix, et laisser en paix une femme à laquelle il est impossible de vous entendre.

— Vous m'entendrez pourtant, dit-il alors en fureur, oui, cruelle, vous entendrez, quoi que vous en puissiez dire, les sentiments de mon âme de feu, et l'assurance qu'il ne sera rien dans le monde que je ne fasse…, ou pour vous mériter, ou pour vous obtenir… N'y croyez pas au moins, reprit-il impétueusement, n'y croyez pas à ce départ simulé, je ne l'ai feint que pour vous éprouver…, moi, vous quitter…, moi, m'arracher au lieu qui vous possède, on me priverait plutôt mille fois du jour… Haïssez-moi, perfide, haïssez-moi, puisque tel est mon malheureux sort, mais n'espérez jamais vaincre en moi l'amour dont je brûle pour vous…"

Et Saint-Ange était dans un tel état en prononçant ces derniers mots, par une fatalité que je n'ai jamais pu comprendre, il avait si bien réussi à m'émouvoir, que je me détournai pour lui cacher mes pleurs, et le laissai dans le fond du bosquet, où il avait trouvé le moyen de me joindre. Il ne me suivit pas ; je l'entendis se jeter à terre, et s'abandonner aux excès du plus affreux délire… Moi-même, faut-il vous l'avouer, monsieur, quoique bien certaine de n'éprouver nul sentiment d'amour pour ce jeune homme, soit commisération, soit souvenir, il me fut impossible de ne pas éclater à mon tour.

"Hélas ! me disais-je en me livrant à ma douleur..., voilà quels étaient les propos de Senneval..., c'était dans les mêmes termes qu'il m'exprimait les sentiments de sa flamme..., également dans un jardin..., dans un jardin comme celui-ci..., ne me disait-il pas qu'il m'aimerait toujours, et ne m'a-t-il pas cruellement trompée !... Juste ciel ! il avait le même âge... Ah ! Senneval..., Senneval, est-ce toi qui cherches à me ravir encore mon repos ? et ne reparais-tu sous ces traits séducteurs que pour m'entraîner une seconde fois dans l'abîme ?... Fuis, lâche..., fuis..., j'abhorre à présent jusqu'à ton souvenir !"

J'essuyai mes larmes, et fus m'enfermer chez moi jusqu'à l'heure du souper ; je descendis alors..., mais Saint-Ange ne parut pas, il fit dire qu'il était malade, et le lendemain, il fut assez adroit pour ne me laisser lire sur son front que de la tranquillité..., je m'y trompai ; je crus réellement qu'il avait fait assez d'efforts sur lui-même pour avoir vaincu sa passion. Je m'abusais ; le perfide !... Hélas ! que dis-je, monsieur, je ne lui dois plus d'invectives..., il n'a plus de droits qu'à mes larmes, il n'en a plus qu'à mes remords.

Saint-Ange ne semblait aussi calme que parce que ses plans étaient dressés ; deux jours se passèrent ainsi, et vers le soir du troisième, il annonça publiquement son départ ; il prit avec Mme de Dulfort, sa protectrice, des arrangements relatifs à leurs communes affaires à Paris.

On se coucha... Pardonnez-moi, monsieur, le trouble où me jette d'avance le récit de cette affreuse catastrophe ; elle ne se peint jamais à ma mémoire sans me faire frissonner d'horreur.

Comme il faisait une chaleur extrême, je m'étais jetée dans mon lit presque nue ; ma femme de chambre dehors, je venais d'éteindre ma bougie... Un sac à ouvrage était malheureusement resté ouvert sur mon lit, parce que je

venais de couper des gazes dont j'avais besoin le lendemain. À peine mes yeux commençaient-ils à se fermer
que j'entendis du bruit…, je me relève sur mon séant avec
vivacité…, je me sens saisie par une main…

"Tu ne me fuiras plus, Florville, me dit Saint-Ange…,
c'était lui… Pardonne à l'excès de ma passion, mais ne
cherche pas à t'y soustraire…, il faut que tu sois à moi.

— Infâme séducteur ! m'écriai-je, fuis dans l'instant,
ou crains les effets de mon courroux…

— Je ne crains que de ne pouvoir te posséder, fille
cruelle", reprit cet ardent jeune homme, en se précipitant
sur moi si adroitement et dans un tel état de fureur que je
devins sa victime avant que de pouvoir l'empêcher…
Courroucée d'un tel excès d'audace, décidée à tout plutôt
que d'en souffrir la suite, je me jette en me débarrassant
de lui sur les ciseaux que j'avais à mes pieds ; me possédant néanmoins dans ma fureur, je cherche son bras pour
l'y atteindre, et pour l'effrayer par cette résolution de ma
part, bien plus que pour le punir comme il méritait de
l'être ; sur le mouvement qu'il me sent faire, il redouble la
violence des siens.

"Fuis ! traître, m'écriai-je en croyant le frapper au bras,
fuis dans l'instant, et rougis de ton crime…"

Oh ! monsieur, une main fatale avait dirigé mes coups…,
le malheureux jeune homme jette un cri et tombe sur le
carreau… Ma bougie à l'instant rallumée, je m'approche…,
juste ciel ! je l'ai frappé dans le cœur…, il expire ! … Je me
précipite sur ce cadavre sanglant…, je le presse avec
délire sur mon sein agité…, ma bouche empreinte sur la
sienne veut rappeler une âme qui s'exhale ; je lave sa bles-
sure de mes pleurs… Ô toi ! dont le seul crime fut de me
trop aimer, dis-je avec l'égarement du désespoir, méritais-
tu donc un supplice pareil ? devais-tu perdre la vie par la
main de celle à qui tu aurais sacrifié la tienne ? Ô malheureux jeune homme…, image de celui que j'adorais, s'il ne
faut que t'aimer pour te rendre à la vie, apprends, en cet
instant cruel, où tu ne peux malheureusement plus
m'entendre…, apprends, si ton âme palpite encore, que je

voudrais la ranimer aux prix de mes jours…, apprends que tu ne me fus jamais indifférent…, que je ne t'ai jamais vu sans trouble, et que les sentiments que j'éprouvais pour toi étaient peut-être bien supérieurs à ceux du faible amour qui brûlait dans ton cœur.

À ces mots je tombai sans connaissance sur le corps de cet infortuné jeune homme, ma femme de chambre entra, elle avait entendu le bruit, elle me soigne, elle joint ses efforts aux miens pour rendre Saint-Ange à la vie… Hélas ! tout est inutile. Nous sortons de ce fatal appartement, nous en fermons la porte avec soin, nous emportons la clef, et volons à l'instant à Paris, chez Mr de Saint-Prât… Je le fais éveiller, je lui remets la clef de cette funeste chambre, je lui raconte mon horrible aventure, il me plaint, il me console, et tout malade qu'il est, il se rend aussitôt chez Mme de Lérince ; comme il y avait fort près de cette campagne à Paris, la nuit suffit à toutes ces démarches. Mon protecteur arrive chez sa parente au moment où on se levait, et où rien encore n'avait transpiré ; jamais amis, jamais parents ne se conduisirent mieux que dans cette circonstance ; loin d'imiter ces gens stupides ou féroces qui n'ont de charmes dans de telles crises qu'à ébruiter tout ce qui peut flétrir ou rendre malheureux et eux et ce qui les entoure, à peine les domestiques se doutèrent-ils de ce qui s'était passé. »

« Eh bien ! monsieur, dit ici Mlle de Florville en s'interrompant, à cause des larmes qui la suffoquaient, épouserez-vous maintenant une fille capable d'un tel meurtre ? Souffrirez-vous dans vos bras une créature qui a mérité la rigueur des lois ? une malheureuse enfin, que son crime tourmente sans cesse, qui n'a pas eu une seule nuit tranquille depuis ce cruel moment. Non monsieur, il n'en est pas une où ma malheureuse victime ne se soit présentée à moi inondée du sang que j'avais arraché de son cœur.

— Calmez-vous, mademoiselle, calmez-vous, je vous conjure, dit Mr de Courval en mêlant ses larmes à celles de cette fille intéressante ; avec l'âme sensible que vous avez reçue de la nature, je conçois vos remords ; mais il n'y a pas même l'apparence du crime dans cette fatale aventure, c'est un malheur affreux sans doute, mais ce n'est que cela ; rien de prémédité, rien d'atroce, le seul désir de vous soustraire au plus odieux attentat…, un meurtre, en un mot, fait par hasard, en se défendant… Rassurez-vous, mademoiselle, rassurez-vous donc, je l'exige ; le plus sévère des tribunaux ne ferait qu'essuyer vos larmes ; oh ! combien vous vous êtes trompée, si vous avez craint qu'un tel événement vous fît perdre sur mon cœur tous les droits que vos qualités vous assurent. Non, non, belle Florville, cette occasion, loin de vous déshonorer, relève à mes yeux l'éclat de vos vertus, elle ne vous rend que plus digne de trouver une main consolatrice qui vous fasse oublier vos chagrins.

— Ce que vous avez la bonté de me dire, reprit Mlle de Florville, Mr de Saint-Prât me le dit également ; mais vos excessives bontés à l'un et à l'autre n'étouffent pas les reproches de ma conscience, jamais rien n'en calmera les remords. N'importe, reprenons, monsieur, vous devez être inquiet du dénouement de tout ceci.

« Mme de Dulfort fut désolée sans doute ; ce jeune homme très intéressant par lui-même lui était trop particulièrement recommandé pour ne pas déplorer sa perte ; mais elle sentit les raisons du silence, elle vit que l'éclat, en me perdant, ne rendrait pas la vie à son protégé, et elle se tut. Mme de Lérince, malgré la sévérité de ses mœurs, se conduisit encore mieux, s'il est possible, parce que la prudence et l'humanité sont les caractères distinctifs de la vraie piété ; elle publia d'abord dans la maison que j'avais fait la folie de vouloir retourner à Paris pendant la nuit pour jouir de la fraîcheur du temps, qu'elle était parfaitement instruite de cette petite extravagance ; qu'au reste j'avais d'autant mieux fait que son projet à elle était d'y aller souper le même soir ; sous ce prétexte elle y renvoya tout son monde. Une fois seule avec Mr de Saint-Prât et son amie, on envoya chercher le curé ; le pasteur de Mme de Lérince devait être un homme aussi sage et aussi éclairé qu'elle ; il remit sans difficulté une attestation en règle à Mme de Dulfort, et enterra lui-même, secrètement avec deux de ses gens, la malheureuse victime de ma fureur.

Ces soins remplis, tout le monde reparut, le secret fut juré de part et d'autre, et Mr de Saint-Prât vint me calmer en me faisant part de tout ce qui venait d'être fait pour ensevelir ma faute dans le plus profond oubli ; il parut désirer que je retournasse à mon ordinaire chez Mme de Lérince…, elle était prête à me recevoir…, je ne pus le prendre sur moi ; alors il me conseilla de me distraire. Mme de Verquin, avec laquelle je n'avais jamais cessé d'être en commerce comme je vous l'ai dit, monsieur, me pressait toujours d'aller encore passer quelques mois avec elle ; je parlai de ce projet à son frère, il l'approuva, et huit jours après je partis pour la Lorraine ; mais le souvenir de mon crime me poursuivait partout, rien ne parvenait à me calmer.

Je me réveillais au milieu de mon sommeil, croyant entendre encore les gémissements et les cris de ce malheureux Saint-Ange, je le voyais sanglant à mes pieds me reprocher ma barbarie, m'assurer que le souvenir de cette affreuse action me poursuivrait jusqu'à mes derniers instants, et que je ne connaissais pas le cœur que j'avais déchiré.

Une nuit, entre autres, Senneval, ce malheureux amant que je n'avais pas oublié, puisque lui seul m'entraînait encore à Nancy…, Senneval me faisait voir à la fois deux cadavres, celui de Saint-Ange et celui d'une femme inconnue de moi[1], il les arrosait tous deux de ses larmes et me montrait non loin de là un cercueil hérissé d'épines qui paraissait s'ouvrir sur moi ; je me réveillai dans une

----

1. Qu'on n'oublie pas l'expression : — *Une femme inconnue de moi*, afin de ne pas confondre. Florville a encore quelques pertes à faire, avant que le voile ne se lève, et ne lui fasse connaître la femme qu'elle voyait en songe.

affreuse agitation, mille sentiments confus s'élevèrent alors dans mon âme, une voix secrète semblait me dire : "Oui, tant que tu respireras, cette malheureuse victime t'arrachera des larmes de sang, qui deviendront chaque jour plus cuisantes ; et l'aiguillon de tes remords s'aiguisera sans cesse au lieu de s'émousser."

Voilà l'état où j'arrivai à Nancy, monsieur ; mille nouveaux chagrins m'y attendaient ; quand une fois la main du sort s'appesantit sur nous, ce n'est qu'en redoublant que ses coups nous écrasent.

Je descends chez Mme de Verquin, elle m'en avait priée par sa dernière lettre, et se faisait, disait-elle, un plaisir de me revoir ; mais dans quelle situation, juste ciel ! elle était au lit de la mort quand j'arrivai, qui me l'eût dit, grand Dieu ! il n'y avait pas quinze jours qu'elle m'avait écrit…, qu'elle me parlait de ses plaisirs présents, et qu'elle m'en annonçait de prochains ; et voilà donc quels sont les projets des mortels, c'est au moment où ils les forment, c'est au milieu de leurs amusements que l'impitoyable mort vient trancher le fil de leurs jours, et vivant, sans jamais s'occuper de cet instant fatal, vivant comme s'ils devaient exister toujours, ils disparaissent dans ce nuage obscur de l'immortalité, incertains du sort qui les y attend.

Permettez, monsieur, que j'interrompe un moment le récit de mes aventures, pour vous parler de cette perte, et pour vous peindre le stoïcisme effrayant qui accompagna cette femme au tombeau.

Mme de Verquin, qui n'était plus jeune, elle avait pour lors 52 ans, après une partie folle pour son âge, se jeta dans l'eau pour se rafraîchir, elle s'y trouva mal, on la rapporta chez elle dans un état affreux, une fluxion de poitrine se déclara dès le lendemain ; on lui annonça le sixième jour qu'elle avait à peine vingt-quatre heures à vivre. Cette nouvelle ne l'effraya point ; elle savait que j'allais venir, elle recommanda qu'on me reçût ; j'arrive, et d'après la sentence du médecin, c'était le même soir qu'elle devait expirer. Elle s'était fait placer dans une chambre meublée avec tout le goût et l'élégance possibles ; elle y était couchée, négligemment parée, sur un lit voluptueux, dont les rideaux de gros de tour lilas étaient agréablement relevés par des guirlandes de fleurs naturelles ; des touffes d'œillets, de jasmins, de tubéreuses et de roses ornaient tous les coins de son appartement, elle en effeuillait dans une corbeille, elle couvrait et sa chambre et son lit. Elle me tend la main dès qu'elle me voit.

"Approche, Florville, me dit-elle, embrasse-moi sur mon lit de fleurs…, comme tu es devenue grande et belle…, oh ! ma foi mon enfant, la vertu t'a réussi… on t'a dit mon état…, on te l'a dit, Florville…, je le sais aussi…, dans peu d'heures je ne serai plus ; je n'aurais pas cru te revoir pour aussi peu de temps…, et comme elle vit mes yeux se remplir de larmes : allons donc folle, me dit-elle, ne fais donc pas l'enfant…, tu me crois donc bien malheureuse ? n'ai-je pas joui autant que femme au monde ? Je ne perds que les années où il m'eût fallu renoncer aux plaisirs, et qu'eussé-je fait sans eux ? En vérité, je ne me plains point de n'avoir pas vécu plus vieille ; dans quelque temps, aucun homme n'eût voulu de moi, et je n'ai jamais désiré de vivre que ce qu'il fallait pour ne pas inspirer du dégoût. La mort n'est à craindre, mon enfant, que pour ceux qui croient, toujours entre l'enfer et le paradis, incertains de celui qui s'ouvrira pour eux, cette anxiété les désole ; pour moi qui n'espère rien, pour moi qui suis bien sûre de n'être pas plus malheureuse après ma mort que je ne l'étais avant ma vie, je vais m'endormir tranquillement dans le sein de la nature, sans regret, comme sans douleur, sans remords, comme sans inquiétude. J'ai demandé d'être mise sous mon berceau de jasmins, on y prépare déjà ma place, j'y serai, Florville, et les atomes émanés de ce corps détruit serviront à nourrir…, à faire germer la fleur de toutes que j'ai le mieux aimée ; tiens, continua-t-elle en badinant sur mes joues avec un bouquet de cette plante, l'année prochaine en sentant ces fleurs, tu respireras dans leur sein l'âme de ton ancienne amie ; en s'élançant vers les fibres de ton cerveau, elles te donneront de jolies idées, elles te forceront de penser encore à moi."

Mes larmes se rouvrirent un nouveau passage…, je serrai les mains de cette malheureuse femme, et voulus changer ces effrayantes idées de matérialisme contre quelques systèmes moins impies ; mais à peine eus-je fait éclater ce désir que Mme de Verquin me repoussa avec effroi…

"Ô Florville, s'écria-t-elle, n'empoisonne pas, je t'en conjure, mes derniers moments, de tes erreurs, et laisse-moi mourir tranquille ; ce n'est pas pour les adopter à ma mort que je les ai détestés toute ma vie…"

Je me tus ; qu'eût fait ma chétive éloquence auprès de tant de fermeté, j'eusse désolé Mme de Verquin, sans la convertir, l'humanité s'y opposait ; elle sonna, aussitôt j'entendis un concert doux et mélodieux, dont les sons paraissaient sortir d'un cabinet voisin.

"Voilà, dit cette épicurienne, comme je prétends mourir ; Florville, cela ne vaut-il pas bien mieux qu'entourée de prêtres, qui rempliraient mes derniers moments de trouble, d'alarmes et de désespoir… Non, je veux apprendre à tes dévots que sans leur ressembler, on peut mourir tranquille, je veux les convaincre que ce n'est pas de la religion qu'il faut pour mourir en paix, mais seulement du courage et de la raison. »

L'heure avançait : un notaire entra, elle l'avait fait demander ; la musique cesse, elle dicte quelques volontés ; sans enfants, veuve depuis plusieurs années, et par conséquent maîtresse de beaucoup de choses, elle fit des legs à ses amis, et à ses gens. Ensuite elle tira un petit coffre d'un secrétaire placé près de son lit.

"Voilà maintenant ce qui me reste, dit-elle, un peu d'argent comptant et quelques bijoux. Amusons-nous le reste de la soirée ; vous voilà six dans ma chambre, je vais faire six lots de ceci, ce sera une loterie, vous la tirerez entre vous, et prendrez ce qui vous sera échu. »

Je ne revenais pas du sang-froid de cette femme ; il me paraissait incroyable d'avoir autant de choses à se reprocher, et d'arriver à son dernier moment avec un tel calme, funeste effet de l'incrédulité ; si la fin horrible de quelques méchants fait frémir, combien ne doit pas effrayer davantage un endurcissement aussi soutenu.

Cependant, ce qu'elle a désiré s'exécute ; elle fait servir une collation magnifique, elle mange de plusieurs plats, boit des vins d'Espagne et des liqueurs, le médecin lui ayant dit que cela est égal dans l'état où elle se trouve.

La loterie se tire, il nous revient à chacun près de cent louis, soit en or, soit en bijoux. Ce petit jeu finissait à peine qu'une crise violente la saisit.

"Eh bien ! est-ce pour à présent ? dit-elle au médecin, toujours avec la sérénité la plus entière.

— Madame, je le crains.

— Viens donc, Florville, me dit-elle, en me tendant les bras, viens recevoir mes derniers adieux, je veux expirer sur le sein de la vertu…" ; elle me serre fortement contre elle, et ses beaux yeux se ferment pour jamais.

Étrangère dans cette maison, n'ayant plus rien qui pût m'y fixer, j'en sortis sur-le-champ…, je vous laisse à penser dans quel état… et combien ce spectacle noircissait encore mon imagination.

Trop de distance existait entre la façon de penser de Mme de Verquin et la mienne pour que je pusse l'aimer bien sincèrement ; n'était-elle pas d'ailleurs la première cause de mon déshonneur, de tous les revers qui l'avaient suivi ? Cependant cette femme, sœur du seul homme qui réellement eût pris soin de moi, n'avait jamais eu que d'excellents procédés à mon égard, elle m'en comblait encore même en expirant ; mes larmes furent donc sincères, et leur amertume redoubla en réfléchissant qu'avec d'excellentes qualités, cette misérable créature s'était perdue involontairement, et que déjà rejetée du sein de l'Éternel, elle subissait cruellement, sans doute, les peines dues à une vie aussi dépravée. La bonté suprême de Dieu vint néanmoins s'offrir à moi, pour calmer ces désolantes idées ; je me jetai à genoux, j'osai prier l'Être des êtres de faire grâce à cette malheureuse, moi qui avais tant de besoin de la miséricorde du Ciel, j'osai l'implorer pour d'autres, et pour le fléchir autant qu'il pouvait dépendre de moi, je joignis dix louis de mon argent au lot gagné chez Mme de Verquin, et fis sur-le-champ distribuer le tout aux pauvres de sa paroisse.

Au reste, les intentions de cette infortunée furent suivies ponctuellement ; elle avait pris des arrangements trop sûrs pour qu'ils pussent manquer ; on la déposa dans son bosquet de jasmins, sur lequel était gravé le seul mot : *Vixit*.

Ainsi périt la sœur de mon plus cher ami ; remplie d'esprit et de connaissances, pétrie de grâces et de talents, Mme de Verquin eût pu, avec une autre conduite, mériter l'estime et l'amour de tout ce qui l'aurait connue : elle n'en obtint que le mépris. Ses désordres augmentaient en vieillissant ; on n'est jamais plus dangereux, quand on n'a point de principes, qu'à l'âge où l'on a cessé de rougir ; la dépravation gangrène le cœur, on raffine ses premiers travers, et l'on arrive insensiblement aux forfaits, s'imaginant encore n'en être qu'aux erreurs ; mais l'incroyable aveuglement de son frère ne cessa de me surprendre : telle est la marque distinctive de la candeur et de la bonté ; les honnêtes gens ne soupçonnent jamais le mal dont ils sont incapables eux-mêmes, et voilà pourquoi ils sont aussi facilement dupes du premier fripon qui s'en empare, et d'où vient qu'il y a tant d'aisance et si peu de gloire à les tromper ; l'insolent coquin qui y tâche n'a travaillé qu'à s'avilir, et sans même avoir prouvé ses talents pour le vice, il n'a prêté que plus d'éclat à la vertu.

En perdant Mme de Verquin, je perdais tout espoir d'apprendre des nouvelles de mon amant et de mon fils, vous imaginez bien que je n'avais pas osé lui en parler dans l'état affreux où je l'avais vue.

Anéantie de cette catastrophe, très fatiguée d'un voyage fait dans une cruelle situation d'esprit, je résolus de me reposer quelque temps à Nancy, dans l'auberge où je m'étais établie, sans voir absolument qui que ce fût, puisque Mr de Saint-Prât avait paru désirer que j'y déguisasse mon nom ; ce fut de là que j'écrivais à ce cher protecteur, décidée de ne partir qu'après sa réponse.

Une malheureuse fille qui ne vous est rien, monsieur, lui disais-je, *qui n'a de droits qu'à votre pitié, trouble éternellement votre vie ; au lieu de ne vous entretenir que de la douleur où vous devez être relativement à la perte que vous venez de faire, elle ose vous parler d'elle, vous demander vos ordres et les attendre,* etc.

Mais il était dit que le malheur me suivrait partout, et que je serais perpétuellement ou témoin ou victime de ses effets sinistres.

Je revenais un soir assez tard de prendre l'air avec ma femme de chambre, je n'étais accompagnée que de cette fille et d'un laquais de louage, que j'avais pris en arrivant à Nancy ; tout le monde était déjà couché. Au moment d'entrer chez moi, une femme d'environ 50 ans, grande, fort belle encore, que je connaissais de vue depuis que je logeais dans la même maison qu'elle, sort tout à coup de sa chambre voisine de la mienne, et se jette, armée d'un poignard, dans une autre pièce vis-à-vis... L'action naturelle est de voir..., je vole..., mes gens me suivent ; dans un clin d'œil, sans que nous ayons le temps d'appeler ni de secourir... nous apercevons cette misérable se précipiter sur une autre femme, lui plonger vingt fois son arme dans le cœur, et rentrer chez elle égarée, sans avoir pu nous découvrir. Nous crûmes d'abord que la tête avait tourné à cette créature ; nous ne pouvions comprendre un crime dont nous ne dévoilions aucun motif ; ma femme de chambre et mon domestique voulurent crier ; un mouvement plus impérieux, dont je ne pus deviner la cause, me contraignit à les faire taire, à les saisir par le bras, et à les entraîner avec moi dans mon appartement, où nous nous enfermâmes aussitôt.

Un train affreux se fit bientôt entendre, la femme qu'on venait de poignarder s'était jetée, comme elle avait pu, sur les escaliers, en poussant des hurlements épouvantables ; elle avait eu le temps, avant que d'expirer, de nommer celle qui l'assassinait ; et comme on sut que nous étions les derniers rentrés dans l'auberge, nous fûmes arrêtés en même temps que la coupable. Les aveux de la mourante ne laissant néanmoins aucun doute sur nous, on se contenta de nous signifier défense de sortir de l'auberge, jusqu'à la conclusion du procès. La criminelle traînée en prison n'avoua rien, et se défendit fermement ; il n'y avait d'autres témoins que mes gens et moi, il fallut paraître…, il fallut parler, il fallut cacher avec soin ce trouble qui me dévorait secrètement, moi…, qui méritais la mort comme celle que mes aveux forcés allaient traîner au supplice, puisque aux circonstances près, j'étais coupable d'un crime pareil. Je ne sais ce que j'aurais donné pour éviter ces cruelles dépositions ; il me semblait, en les dictant, qu'on arrachait autant de gouttes de sang dans mon cœur que je proférais de paroles ; cependant il fallut tout dire : nous avouâmes ce que nous avions vu. Quelques convictions qu'on eût d'ailleurs sur le crime de cette femme, dont l'histoire était d'avoir assassiné sa rivale, quelque certains, dis-je, que l'on fût de ce délit, nous sûmes positivement après que sans nous, il eût été impossible de la condamner, parce qu'il y avait dans l'aventure un homme de compromis, qui s'échappa, et que l'on aurait bien pu soupçonner ; mais nos aveux, celui du laquais de louage surtout, qui se trouvait homme de l'auberge…, homme attaché à la maison où le crime avait eu lieu…, ces cruelles dépositions, qu'il nous était impossible de refuser sans nous compromettre, scellèrent la mort de cette infortunée.

À ma dernière confrontation, cette femme m'examinant avec le plus grand saisissement, me demanda mon âge.

"Trente-quatre ans, lui dis-je.

— Trente-quatre ans ?… et vous êtes de cette province ? …

— Non, madame.

— Vous vous appelez Florville ?

— Oui, répondis-je, c'est ainsi qu'on me nomme.

— Je ne vous connais pas, reprit-elle ; mais vous êtes honnête, estimée, dit-on, dans cette ville ; cela suffit malheureusement pour moi…"

Puis continuant avec trouble :

"Mademoiselle, un rêve vous a offerte à moi au milieu des horreurs où me voilà ; vous y étiez avec mon fils... car je suis mère et malheureuse, comme vous voyez... vous aviez la même figure... la même taille... la même robe... et l'échafaud était devant mes yeux...

— Un rêve, m'écriai-je... un rêve, madame", et le mien se rappelant aussitôt à mon esprit, les traits de cette femme me frappèrent, je la reconnus pour celle qui s'était présentée à moi avec Senneval, près du cercueil hérissé d'épines... Mes yeux s'inondèrent de pleurs ; plus j'examinais cette femme, plus j'étais tentée de me dédire..., je voulais demander la mort à sa place..., je voulais fuir et ne pouvais m'arracher... Quand on vit l'état affreux où elle me mettait, comme on était persuadé de mon innocence, on se contenta de nous séparer ; je rentrai chez moi anéantie, accablée de mille sentiments divers dont je ne pouvais démêler la cause ; et le lendemain, cette misérable fut conduite à la mort.

Je reçus le même jour la réponse de Mr de Saint-Prât ; il m'engageait à revenir. Nancy ne devant pas m'être fort agréable après les funestes scènes qu'il venait de m'offrir, je le quittai sur-le-champ, et m'acheminai vers la capitale, poursuivie par le nouveau fantôme de cette femme qui semblait me crier à chaque instant : *C'est toi, malheureuse, c'est toi qui m'envoies à la mort, et tu ne sais pas qui ta main y traîne.*

Bouleversée par tant de fléaux, persécutée par autant de chagrins, je priai Mr de Saint-Prât de me chercher quelque retraite où je pusse finir mes jours dans la solitude la plus profonde, et dans les devoirs les plus rigoureux de ma religion ; il me proposa celui où vous m'avez trouvée, monsieur ; je m'y établis dès la même semaine, n'en sortant que pour venir voir deux fois le mois mon cher protecteur, et pour passer quelques instants chez Mme de Lérince. Mais le Ciel, qui veut chaque jour me frapper par des coups sensibles, ne me laissa pas jouir longtemps de cette dernière amie, j'eus le malheur de la perdre l'an passé ; sa tendresse pour moi n'a pas voulu que je me séparasse d'elle à ces cruels instants, et c'est également dans mes bras qu'elle rendit les derniers soupirs.

Mais qui l'eût pensé, monsieur ? cette mort ne fut pas aussi tranquille que celle de Mme de Verquin ; celle-ci n'ayant jamais rien espéré, ne redouta point de tout perdre ; l'autre sembla frémir de voir disparaître l'objet certain de son espoir ; aucun remords ne m'avait frappée dans la femme qu'ils devaient assaillir en foule…, celle qui ne s'était jamais mise dans le cas d'en avoir, en conçut. Mme de Verquin, en mourant, ne regrettait que de n'avoir pas fait assez de mal, Mme de Lérince expirait repentante du bien qu'elle n'avait pas fait. L'une se couvrait de fleurs, en ne déplorant que la perte de ses plaisirs ; l'autre voulut mourir sur une croix de cendres, désolée du souvenir des heures qu'elle n'avait pas offertes à la vertu.

Ces contrariétés me frappèrent ; un peu de relâchement s'empara de mon âme. Et pourquoi donc, me dis-je, le calme en de tels instants n'est-il pas le partage de la sagesse, quand il paraît l'être de l'inconduite ? Mais à l'instant, fortifiée par une voix céleste qui semblait tonner au fond de mon cœur, est-ce à moi, m'écriai-je, de sonder les volontés de l'Éternel ? Ce que je vois m'assure un mérite de plus ; les frayeurs de Mme de Lérince sont les sollicitudes de la vertu, la cruelle apathie de Mme de Verquin n'est que le dernier égarement du crime. Ah ! si j'ai le choix de mes derniers instants, que Dieu me fasse bien plutôt la grâce de m'effrayer comme l'une que de m'étourdir à l'exemple de l'autre.

Telle est enfin la dernière de mes aventures, monsieur ; il y a deux ans que je vis à l'Assomption, où m'a placée mon bienfaiteur ; oui, monsieur, il y a deux ans que j'y demeure, sans qu'un instant de repos ait encore lui pour moi, sans que j'aie passé une seule nuit où l'image de cet infortuné Saint-Ange et celle de la malheureuse que j'ai fait condamner à Nancy ne se soient présentées à mes yeux ; voilà l'état où vous m'avez trouvée, voilà les choses secrètes que j'avais à vous révéler ; n'était-il pas de mon devoir de vous les dire avant que de céder aux sentiments qui vous abusent ? Voyez s'il est maintenant possible que je puisse être digne de vous ?... voyez si celle dont l'âme est navrée de douleur peut apporter quelques joies sur les instants de votre vie ? Ah ! croyez-moi, monsieur, cessez de vous faire illusion ; laissez-moi rentrer dans la retraite sévère qui me convient seule ; vous ne m'en arracheriez que pour avoir perpétuellement devant vous le spectacle affreux du remords, de la douleur et de l'infortune. »

Mlle de Florville n'avait pas terminé son histoire sans se trouver dans une violente agitation. Naturellement vive, sensible et délicate, il était impossible que le récit de ses malheurs ne l'eût considérablement affectée.

Mr de Courval, qui dans les derniers événements de cette histoire ne voyait pas plus que dans les premiers de raisons plausibles qui dussent déranger ses projets, mit tout en usage pour calmer celle qu'il aimait.

« Je vous le répète, mademoiselle, lui disait-il, il y a des choses fatales et singulières dans ce que vous venez de m'apprendre ; mais je n'en vois pas une seule qui soit faite pour alarmer votre conscience, ni faire tort à votre réputation... une intrigue à 16 ans... j'en conviens, mais que d'excuses n'avez-vous pas pour vous... votre âge, les séductions de Mme de Verquin... un jeune homme peut-être très aimable..., que vous n'avez jamais revu, n'est-ce pas mademoiselle ? continua Mr de Courval avec un peu d'inquiétude... que vraisemblablement vous ne reverrez même jamais.

— Oh ! jamais, très assurément, répondit Florville en devinant les motifs d'inquiétude de Mr de Courval.

— Eh bien ! mademoiselle, concluons, reprit celui-ci, terminons je vous en conjure, et laissez-moi vous convaincre le plus tôt possible qu'il n'entre rien dans le récit de votre histoire qui puisse jamais diminuer dans le cœur d'un honnête homme, ni l'extrême considération due à tant de vertus, ni l'hommage exigé par autant d'attraits. »

Mlle de Florville demanda la permission de retourner encore à Paris consulter son protecteur pour la dernière fois, en promettant qu'aucun obstacle ne naîtrait assurément plus de son côté. Mr de Courval ne put se refuser à cet honnête devoir ; elle partit, et revint au bout de huit jours avec Saint-Prât. Mr de Courval combla ce dernier d'honnêtetés ; il lui témoigna de la manière la plus sensible combien il était flatté de se lier avec celle qu'il daignait protéger, et le supplia d'accorder toujours le titre de sa parente à cette aimable personne ; Saint-Prât répondit comme il le devait aux honnêtetés de Mr de Courval, et continua de lui donner du caractère de Mlle de Florville les notions les plus avantageuses.

Enfin parut ce jour tant désiré de Courval, la cérémonie se fit, et à la lecture du contrat, il se trouva bien étonné quand il vit que sans en avoir prévenu personne, Mr de Saint-Prât avait en faveur de ce mariage fait ajouter quatre mille livres de rente de plus à la pension de pareille somme qu'il faisait déjà à Mlle de Florville et un legs de cent mille francs à sa mort.

Cette intéressante fille versa d'abondantes larmes en voyant les nouvelles bontés de son protecteur, et se trouva flattée dans le fond de pouvoir offrir à celui qui voulait bien penser à elle une fortune pour le moins égale à celle dont il était possesseur.

L'aménité, la joie pure, les assurances réciproques d'estime et d'attachement présidèrent à la célébration de cet hymen... de cet hymen fatal, dont les furies éteignaient sourdement les flambeaux.

Mr de Saint-Prât passa huit jours à Courval, ainsi que les amis de notre nouveau marié, mais les deux époux ne les suivirent point à Paris, ils se décidèrent à rester jusqu'à l'entrée de l'hiver à leur campagne, afin d'établir dans leurs affaires l'ordre utile à les mettre ensuite en état d'avoir une bonne maison à Paris. Mr de Saint-Prât était chargé de leur trouver un joli établissement près de chez lui, afin de se voir plus souvent, et dans l'espoir flatteur de tous ces arrangements agréables, Mr et Mme de Courval avaient déjà passé près de trois mois ensemble, il y avait même déjà des certitudes de grossesse, dont on s'était hâté de faire part à l'aimable Saint-Prât, lorsqu'un événement imprévu vint cruellement flétrir la prospérité de ces heureux époux, et changer en affreux cyprès les tendres roses de l'hymen.

Ici ma plume s'arrête…, je devrais demander grâce aux lecteurs, les supplier de ne pas aller plus loin…, oui…, oui, qu'ils s'interrompent à l'instant, s'ils ne veulent pas frémir d'horreur… Triste condition de l'humanité sur la terre…, cruels effets de la bizarrerie du sort… Pourquoi faut-il que la malheureuse Florville, que l'être le plus vertueux, le plus aimable et le plus sensible, se trouve par un inconcevable enchaînement de fatalités le monstre le plus abominable qu'ait pu créer la nature ?

Cette tendre et aimable épouse lisait un soir auprès de son mari un roman anglais d'une incroyable noirceur, et qui faisait grand bruit pour lors.

« Assurément, dit-elle en jetant le livre, voilà une créature presque aussi malheureuse que moi.

— Aussi malheureuse que toi, dit Mr de Courval en pressant sa chère épouse dans ses bras…, ô Florville, j'avais cru te faire oublier tes malheurs…, je vois bien que je me suis trompé…, devais-tu me le dire aussi durement !… »

Mais Mme de Courval était devenue comme insensible, elle ne répondait pas un mot à ces caresses de son époux, par un mouvement involontaire, elle le repousse avec effroi, et va se précipiter loin de lui sur un sopha, où elle fond en larmes ; en vain cet honnête époux vient-il se jeter à ses pieds, en vain conjure-t-il cette femme qu'il idolâtre de se calmer, ou de lui apprendre au moins la cause d'un tel accès de désespoir ; Mme de Courval continue de le repousser, de se détourner quand il veut essuyer ses larmes, au point que Courval ne doutant plus qu'un souvenir funeste de l'ancienne passion de Florville ne fût venu la renflammer de nouveau, il ne put s'empêcher de lui en faire quelques reproches ; Mme de Courval les écoute sans rien répondre, mais se levant à la fin :

« Non, monsieur, dit-elle à son époux, non…, vous vous trompez en interprétant ainsi l'accès de douleur où je viens d'être en proie, ce ne sont pas des ressouvenirs qui m'alarment, ce sont des pressentiments qui m'effrayent… Je me vois heureuse avec vous, monsieur…, oui très heureuse… et je ne suis pas née pour l'être ; il est impossible que je le sois longtemps, la fatalité de mon étoile est telle que jamais l'aurore du bonheur n'est pour moi que l'éclair qui précède la foudre… et voilà ce qui me fait frémir, je crains que nous ne soyons pas destinés à vivre ensemble. Aujourd'hui votre épouse, peut-être ne le serai-je plus demain… Une voix secrète crie au fond de mon cœur que toute cette félicité n'est pour moi qu'une ombre, qui va se dissiper comme la fleur qui naît et s'éteint dans un jour. Ne m'accusez donc ni de caprice ni de refroidissement, monsieur, je ne suis coupable que d'un trop grand excès de sensibilité, que d'un malheureux don de voir tous les objets du côté le plus sinistre, suite cruelle de mes revers… »

Et Mr de Courval aux pieds de son épouse s'efforçait de la calmer par ses caresses, par ses propos, sans néanmoins y réussir, lorsque tout à coup… il était environ sept heures du soir, au mois d'octobre… un domestique vient dire qu'un inconnu demande avec empressement à parler à Mr de Courval… Florville frémit… des larmes involontaires sillonnent ses joues, elle chancelle, elle veut parler, sa voix expire sur ses lèvres.

Mr de Courval, plus occupé de l'état de sa femme que de ce qu'on lui apprend, répond aigrement qu'on attende, et vole au secours de son épouse, mais Mme de Courval craignant de succomber au mouvement secret qui l'entraîne…, voulant cacher ce qu'elle éprouve devant l'étranger qu'on annonce, se relève avec force, et dit :

« Ce n'est rien, monsieur, ce n'est rien, qu'on fasse entrer. »

Le laquais sort, il revient le moment d'après, suivi d'un homme de 37 à 38 ans, portant sur sa physionomie, agréable d'ailleurs, les marques du chagrin le plus invétéré.

« Ô mon père ! s'écria l'inconnu en se jetant aux pieds de Mr de Courval, reconnaîtrez-vous un malheureux fils séparé de vous depuis vingt-deux ans, trop puni de ses cruelles fautes par les revers qui n'ont cessé de l'accabler depuis lors.

— Qui ? vous mon fils… grand Dieu ! … par quel événement… ingrat, qui peut t'avoir fait souvenir de mon existence ?

— Mon cœur…, ce cœur coupable qui ne cessa pourtant jamais de vous aimer…, écoutez-moi mon père…, écoutez-moi, j'ai de plus grands malheurs que les miens à vous révéler, daignez vous asseoir et m'entendre, et vous madame, poursuivit le jeune Courval, en s'adressant à l'épouse de son père, pardonnez si pour la première fois de ma vie je vous rends mon hommage, je me trouve contraint à dévoiler devant vous d'affreux malheurs de famille qu'il n'est plus possible de cacher à mon père.

— Parlez monsieur, parlez dit Mme de Courval en balbutiant, et jetant des yeux égarés sur ce jeune homme, le langage du malheur n'est pas nouveau pour moi, je le connais depuis mon enfance. »

Et notre voyageur fixant alors Mme de Courval lui répondit avec une sorte de trouble involontaire :

« Vous, malheureuse… madame… oh juste ciel, pouvez-vous l'être autant que nous ! »

On s'assied…, l'état de Mme de Courval se peindrait difficilement…, elle jette les yeux sur ce cavalier…, elle les replonge à terre…, elle soupire avec agitation… Mr de Courval pleure, et son fils tâche à le calmer, en le suppliant de lui prêter attention. Enfin la conversation prend un tour plus réglé.

« J'ai tant de choses à vous dire, monsieur, dit le jeune Courval, que vous me permettez de supprimer les détails pour ne vous apprendre que les faits ; et j'exige votre parole ainsi que celle de madame de ne pas les interrompre que je n'aie fini de vous les exposer.

« Je vous quittai à l'âge de 15 ans, monsieur, mon premier mouvement fut de suivre ma mère que j'avais l'aveuglement de vous préférer ; elle était séparée de vous depuis bien des années ; je la rejoignis à Lyon, où ses désordres m'effrayèrent à tel point que pour conserver le reste des sentiments que je lui devais, je me vis contraint à la fuir. Je passai à Strasbourg, où se trouvait le régiment de Normandie... » Mme de Courval s'émeut, mais se contient « J'inspirai quelque intérêt au colonel, poursuivit le jeune Courval, je me fis connaître à lui, il me donna une sous-lieutenance, l'année d'après je vins avec le corps en garnison à Nancy ; j'y devins amoureux d'une parente de Mme de Verquin..., je séduisis cette jeune personne, j'en eus un fils et j'abandonnai cruellement la mère. »

À ces mots Mme de Courval frissonna, un gémissement sourd s'exhala de sa poitrine, mais elle continua d'être ferme.

« Cette malheureuse aventure a été la cause de tous mes malheurs. Je mis l'enfant de cette demoiselle infortunée chez une femme près de Metz, qui me promit d'en prendre soin et je revins quelque temps après à mon corps ; on blâma ma conduite ; la demoiselle n'ayant pu reparaître à Nancy, on m'accusa d'avoir causé sa perte ; trop aimable pour n'avoir pas intéressé toute la ville, elle y trouva des vengeurs ; je me battis, je tuai mon adversaire, et passai à Turin avec mon fils que je revins chercher près de Metz. J'ai servi douze ans le roi de Sardaigne. Je ne vous parlerai point des malheurs que j'y éprouvai, ils sont sans nombre. C'est en quittant la France qu'on apprend à la regretter. Cependant mon fils croissait, et promettait beaucoup. Ayant fait connaissance, à Turin, avec une Française qui avait accompagné celle de nos princesses qui se maria dans cette cour, et cette respectable personne s'étant intéressée à mes malheurs, j'osai lui proposer de conduire mon fils en France pour y perfectionner son éducation, lui promettant de mettre assez d'ordre dans mes affaires pour venir le retirer de ses mains dans six ans ; elle accepta, conduisit à Paris mon malheureux enfant, ne négligea rien pour le bien élever, et m'en donna très exactement des nouvelles.

« Je parus un an plus tôt que je n'avais promis ; j'arrive chez cette dame, plein de la douce consolation d'embrasser mon fils, de serrer dans mes bras ce gage d'un sentiment trahi…, mais qui brûlait encore mon cœur… Votre fils n'est plus, me dit cette digne amie, en versant des larmes, il a été la victime de la même passion qui fit le malheur de son père ; nous l'avions mené à la campagne, il y devint amoureux d'une fille charmante dont j'ai juré de taire le nom ; emporté par la violence de son amour, il a voulu ravir par la force ce qu'on lui refusait par vertu ; … un coup seulement dirigé pour l'effrayer a pénétré jusqu'à son cœur et l'a renversé mort. »

Ici Mme de Courval tomba dans une espèce de stupidité qui fit craindre un moment qu'elle n'eût tout à coup perdu la vie ; ses yeux étaient fixes, son sang ne circulait plus. Mr de Courval qui ne saisissait que trop la funeste liaison de ces malheureuses aventures, interrompit son fils et vola vers sa femme…, elle se ranime, et avec un courage héroïque :

« Laissons poursuivre votre fils, monsieur, dit-elle, je ne suis peut-être pas au bout de mes malheurs. »

Cependant le jeune Courval ne comprenant rien au chagrin de cette dame pour des faits qui semblent ne la concerner qu'indirectement, mais démêlant quelque chose d'incompréhensible pour lui dans les traits de l'épouse de son père, ne cesse de la regarder tout ému ; Mr de Courval saisit la main de son fils, et distrayant son attention pour Florville, il lui ordonne de poursuivre, de ne s'attacher qu'à l'essentiel et de supprimer les détails, parce que ces récits contiennent des particularités mystérieuses qui deviennent d'un puissant intérêt.

« Au désespoir de la mort de mon fils, continue le voyageur, n'ayant plus rien qui pût me retenir en France… que vous seul, ô mon père !… mais dont je n'osais m'approcher, et dont je fuyais le courroux, je résolus de voyager en Allemagne… Malheureux auteur de mes jours, voici ce qui me reste de plus cruel à vous apprendre, dit le jeune Courval en arrosant de larmes les mains de son père, armez-vous de courage, j'ose vous en supplier.

« En arrivant à Nancy, j'apprends qu'une Mme Desbarres, c'était le nom qu'avait pris ma mère dans ses désordres, aussitôt qu'elle vous eut fait croire à sa mort, j'apprends, dis-je, que cette Mme Desbarres, vient d'être mise en prison pour avoir poignardé sa rivale, et qu'elle sera peut-être exécutée le lendemain.

— Ô monsieur, s'écria ici la malheureuse Florville en se jetant dans le sein de son mari avec des larmes et des cris déchirants… ô monsieur, voyez-vous toute la suite de mes malheurs ?

— Oui madame, je vois tout, dit Mr de Courval, je vois tout madame, mais je vous conjure de laisser finir mon fils. »

Florville se contint, mais elle respirait à peine, elle n'avait pas un sentiment qui ne fût compromis, pas un nerf dont la concentration ne fût effroyable.

« Poursuivez mon fils, poursuivez, dit ce malheureux père ; dans un moment je vous expliquerai tout.

— Eh bien, monsieur, continua le jeune Courval, je m'informe s'il n'y a point de malentendu dans les noms ; il n'était malheureusement que trop vrai que cette criminelle était ma mère, je demande à la voir, je l'obtiens, je tombe dans ses bras… "Je meurs coupable, me dit cette infortunée, mais il y a une fatalité bien affreuse dans l'événement qui me conduit à la mort ; un autre devait être soupçonné, il l'aurait été, toutes les preuves étaient contre lui, une femme et ses deux domestiques, que le hasard faisait trouver dans cette auberge, ont vu mon crime, sans que la préoccupation dans laquelle j'étais me permît de les apercevoir ; leurs dépositions sont les uniques causes de ma mort ; n'importe, ne perdons pas en vaines plaintes le peu d'instants où je puis vous parler ; j'ai des secrets de conséquence à vous dire, écoutez-les mon fils. Dès que mes yeux seront fermés, vous irez trouver mon époux, vous lui direz que parmi tous mes crimes, il en est un qu'il n'a jamais su, et que je dois enfin avouer… Vous avez une sœur, Courval…, elle vint au monde un an après vous… je vous adorais, je craignis que cette fille ne vous fît tort, qu'à dessein de la marier un jour, on ne prît sur le bien qui devait vous appartenir ; pour vous le conserver plus entier, je résolus de me débarrasser de cette fille, et de mettre tout en usage pour que mon époux à l'avenir ne recueillît plus de fruit de nos nœuds. Mes désordres m'ont jetée dans d'autres travers et ont empêché l'effet de ces nouveaux crimes, en m'en faisant commettre de plus épouvantables ; mais pour cette fille, je me déterminai sans aucune pitié à lui donner la mort ; j'allais exécuter cette infamie de concert avec la nourrice que je dédommageais amplement, lorsque cette femme me dit qu'elle connaissait un homme, marié depuis bien des années, désirant chaque jour des enfants, et n'en pouvant obtenir, qu'elle me déferait du mien sans crime et d'une manière peut-être à la rendre heureuse ; j'acceptai fort vite. Ma fille fut portée la nuit même à la porte de cet homme avec une lettre dans son berceau ; volez à Paris, dès que je n'existerai plus, suppliez votre père de me pardonner, de ne pas maudire ma mémoire et de retirer cet enfant près de lui."

« À ces mots ma mère m'embrassa…, chercha à calmer le trouble épouvantable dans lequel venait de me jeter tout ce que je venais d'apprendre d'elle…, ô mon père, elle fut exécutée le lendemain. Une maladie affreuse me réduisit au tombeau, j'ai été deux ans entre la vie et la mort, n'ayant ni la force ni l'audace de vous écrire ; le premier usage du retour de ma santé est de venir me jeter à vos genoux, de venir vous supplier de pardonner à cette malheureuse épouse, et vous apprendre le nom de la personne chez laquelle vous aurez des nouvelles de ma sœur ; c'est chez Mr de Saint-Prât. »

Mr de Courval se trouble, tous ses sens se glacent, ses facultés s'anéantissent… son état devient effrayant.

Pour Florville, déchirée en détail depuis un quart d'heure, se relevant avec la tranquillité de quelqu'un qui vient de prendre son parti :

« Eh bien ! monsieur, dit-elle à Courval, croyez-vous maintenant qu'il puisse exister au monde une criminelle plus affreuse que la misérable Florville ?... Reconnais-moi, Senneval, reconnais à la fois ta sœur, celle que tu as séduite à Nancy, la meurtrière de ton fils, l'épouse de ton père, et l'infâme créature qui a traîné ta mère à l'échafaud... Oui, messieurs, voilà mes crimes ; sur lequel de vous que je jette les yeux, je n'aperçois qu'un objet d'horreur ; ou je vois mon amant dans mon frère, ou je vois mon époux dans l'auteur de mes jours, et si c'est sur moi que se portent mes regards, je n'aperçois plus que le monstre exécrable qui poignarda son fils, et fit mourir sa mère. Croyez-vous que le Ciel puisse avoir assez de tourments pour moi ; ou supposez-vous que je puisse survivre un instant aux fléaux qui tourmentent mon cœur ? ... Non, il me reste encore un crime à commettre, celui-là les vengera tous. »

Et dans l'instant, la malheureuse sautant sur un des pistolets de Senneval, l'arrache impétueusement, et se brûle la cervelle avant qu'on eût le temps de pouvoir deviner son intention. Elle expire sans prononcer un mot de plus.

Mr de Courval s'évanouit, son fils, absorbé de tant d'horribles scènes, appela comme il put au secours ; il n'en était plus besoin pour Florville, les ombres de la mort s'étendaient déjà sur son front, tous ses traits renversés n'offraient plus que le mélange affreux du bouleversement d'une mort violente, et des convulsions du désespoir... ; elle flottait au milieu de son sang.

On porta Mr de Courval dans son lit ; il y fut deux mois à l'extrémité ; son fils, dans un état aussi cruel, fut assez heureux néanmoins pour que sa tendresse et ses secours pussent rappeler son père à la vie ; mais tous les deux, après des coups du sort si cruellement multipliés sur leur tête, se résolurent à quitter le monde. Une solitude sévère les a dérobés pour jamais aux yeux de leurs amis, et là, tous deux dans le sein de la piété et de la vertu finissent tranquillement une vie triste et pénible, qui ne leur fut donnée à l'un et à l'autre que pour les convaincre, et eux, et ceux qui liront cette déplorable histoire, que ce n'est que dans l'obscurité des tombeaux que l'homme peut trouver le calme, que la méchanceté de ses semblables, le désordre de ses passions, et plus que tout, la fatalité de son sort lui refuseront éternellement sur la terre.

IMPRIMÉ EN UNION EUROPÉENNE
le 06-11-2001
N° d'impression : 9823
001/01 – Dépôt légal, novembre 2001